哈佛中国哲学课

[美]普鸣（Michael Puett）
克里斯蒂娜·格罗斯－洛（Christine Gross-Loh）著
胡洋 译

The Path
A New Way to Think About Everything

生活·讀書·新知 三联书店

The Path: A New Way to Think About Everything by Michael Puett and Christine Gross-Loh
Copyright 2016 by Michael Puett and Christine Gross-Loh
This edition arranged with MacKenzie Wolf & The Marsh Agency Ltd through Big Apple Agency, Labuan, Malaysia.

Simplified Chinese Copyright © 2023 by SDX Joint Publishing Company.
All Rights Reserved.

本作品版权由生活·读书·新知三联书店所有。
未经许可，不得翻印。

图书在版编目（CIP）数据

　　知道：哈佛中国哲学课／（美）普鸣，（美）克里斯蒂娜·格罗斯-洛著；胡洋译. —北京：生活·读书·新知三联书店，2023.5
（2025.3重印）
　　ISBN 978-7-108-07518-5

　　Ⅰ.①知… Ⅱ.①普… ②克… ③胡… Ⅲ.①哲学-中国 Ⅳ.① B2

中国版本图书馆CIP数据核字（2022）第182154号

责任编辑	张　惟
装帧设计	罗　洪
责任校对	曹忠苓
责任印制	董　欢

出版发行　生活·讀書·新知 三联书店
　　　　　（北京市东城区美术馆东街22号 100010）
网　　址　www.sdxjpc.com
图　　字　01-2020-6323
经　　销　新华书店
印　　刷　北京隆昌伟业印刷有限公司
版　　次　2023年5月北京第1版
　　　　　2025年3月北京第2次印刷
开　　本　880毫米×1230毫米　1/32　印张6.75
字　　数　88千字
印　　数　08,001-10,000册
定　　价　48.00元

（印装查询：01064002715；邮购查询：01084010542）

献给JD、苏珊、戴维、玛丽、布兰农、康纳和梅格
——普鸣

献给本杰明、丹尼尔、米娅和安娜
——克里斯蒂娜·格罗斯-洛

"人能弘道,非道弘人。"
——孔子《论语·卫灵公》

目录

前 言   I

序 言   7

第1章 自满时代   11

第2章 哲学时代   23

第3章 论人际关系：孔子和假设的礼仪   32

第4章 论决策：孟子与变化无常的世界   65

第5章 论影响：老子与处世之道   99

第6章 论活力：《管子·内业》与神性   128

第7章 论自发性：庄子与流动的世界   151

第8章 论人性：荀子与被治理的世界   173

第9章 我们的潜力   193

致 谢   209

前　言

2013年秋天的一个早晨，阳光明媚，空气清新，我旁听了哈佛大学开设的一门中国哲学课程。我去听课是为了给《大西洋月刊》撰写一篇文章，以解释为什么一门主题如此深奥的本科生课程会在哈佛校园里大受欢迎。这门课受欢迎的程度仅次于"经济学原理"和"计算机科学入门"，而学生们对后两门课程的热衷是不难预料的。

普鸣教授年近五旬，他身材高大、精力十足。只见他站在桑德斯剧场（哈佛大学校内最大的讲堂）的舞台上，生动地向700余名学生宣讲授课。他的演讲很吸引人，不需要任何笔记或幻灯片的辅助，50分钟里他能滔滔不绝地讲述下去。除了哲学家们的原著译本——孔子等的言论集《论语》、老子的《道德经》、孟子的文集《孟子》，学生们没有其他阅读任务。他们不必预先对中国历史或中国哲学有一定的兴趣或知识，他们需要的只是对这些古代典籍抱以开放和积极投入的态度。这门课以任课教授在每学期第一节课上做出的大胆承诺而闻名："如果你们认真吸收了这些典籍中的思想，它们将改变你们的人生。"

我在哈佛大学取得了东亚历史研究的博士学位。读研究生时，我自己也教授本科生中国哲学，这些材料对我来说并不陌生，但是，在那天以及接下来几周旁听普鸣教授的课程时，我发现他以一种前所未有的方式唤醒了这些古老的思想。他要求学生对这些思想家的观点精心研读，并以这些观点去质疑他们的固有认识和其生活的世界。

普鸣还前往世界各地的其他大学和机构讲授中国哲

学。每次演讲结束后，人们总是来求教，热切地想知道如何把他谈及的哲学思想应用于个人生活和实际事务之中，如人际关系、事业发展、家庭矛盾等。人们意识到，这些思想揭示出幸福而有意义的生活到底是什么样的，也展现出一种重新看待他们过去的信仰的视角。

这一视角引领了许多人向更好的方向发展。普鸣的学生向我讲述了这些思想如何改变了他们的生活，有些人说这些思想改变了他们看待自身所处的人际关系的方式，现在他们发现哪怕是一个最微小的行动都将对自己和身边的每个人产生涟漪效应。正如一位学生所述："普鸣教授为我们打开了新世界的大门，我以不同的方式应对外部世界、处理自身的感情，也为自己和他人建立起前所未有的平静感。"

这些成功的年轻人未来无疑会成为各自领域里的领导人，他们告诉我，这些思想如何改变了他们在处理人生重大决策时的方式，甚至改变了他们的人生轨迹。无论他们决定进入金融业、进行人类学研究，还是跨入法律或医学领域，这些思想都为他们带来了与之前体验迥然不同的思考工具和世界观，让他们为生活的目标及其无限的可能性推开了一扇窗。一名学生对我说："人们常有的心态是，设立一个终极目标，然后向着梦想的终点不断攀登。但这门课传达的信息冲击性极强，它告诉我们，如果换一种活法，就能敞开心扉，去拥抱以往从未设想过的种种可能性。"

改造学生们的不仅是这些哲学思想，普鸣自己也给学生们带来了启发。普鸣友善、谦逊，尽心尽力帮助学生成长，而这些品质恰恰源于他沉浸在中国思想之中长达数十年之久。"他已经将那些思想中的价值观内化了。"一名学生如是说。

中国的哲学思想为什么能如此深刻地影响到这些学生？这些思想无一是关于"拥抱自我""发现自我"，或遵循一套要求去建立清晰的目标等观点的。事实上，普鸣所提及的思想恰恰站在了这一类观点的对立面上，它们不是具体的、规范性的或宏大的思想——它们讲述的是如何以不可预知、难以想象的方式去进行彻底的改变。一名学生说，一旦意识到我们视为理所应当的那些观点实际上并非如此，那么它们便具有强大的解放意义。"你可以培养新的习惯，切实改变你接受世界、回应世界的方式，从而改变你与他人互动的方式。我明白了，一个人可以运用习惯或'仪式'的力量去实现新的目标；但在过去，鉴于自我认知，你会认为这些目标完全是不可能实现的。"

长期以来，我们透过错误的视角去思考中国思想，认为它们与"传统世界"密不可分，因而与当代生活毫不相关。然而，正如这些学生所证实的，中国古代先哲的教诲促使我们去质疑许多看似理所当然的信念。关于人类如何应对世界的思想——怎样与他人相处，怎样做决定，怎样面对人生的起起落落，怎样试图影响他人，选择怎样的生活，在今天和在2000年前一样至关重要。实际上，它们比以往任何时候都更有意义。

普鸣和我意识到这些思想对所有人来说都具有吸引

力,这本书因此诞生。在随后的内容中,我们将展示出这些中国哲人的教义怎样引导人们重新思考自我、思考我们未来的诸多可能性。

克里斯蒂娜·格罗斯-洛

序 言

　　孔子、孟子、老子、庄子、荀子——这些思想家，有的你可能很熟悉，有的你可能从未听说过。他们中的一位由官员改行做了教师，终其一生教导着一小群弟子；另一位周游列国，向其所到之地的君王建言献策；还有一位被后世的人们尊为神灵。时至今日，他们的经历和著作对于我们而言都显得遥远难解，且难以和当代生活联系起来。

　　关于生活的艺术，那些生活在2000年前的中国哲学家究竟有什么可教给我们的呢？你很可能把他们设想为温和的智者,喋喋不休地谈论着一套关于和谐与自然的陈词滥调。但今天的我们过着流动的、自由的、现代的生活,我们的价值观、习俗、技术和文化预设都与他们所处的年代大相径庭。

但如果这些思想家对"如何成为一个更好的人"和"如何创造一个更好的世界"提出了与我们的直觉极其不符的见解呢?如果你认真地看待这些中国古代优秀典籍中的思想,它们就有可能改变你的思维方式呢?这就是本书的核心主题——中国古代哲人的教诲所回应的问题与今天我们面对的问题十分相似,这为人们如何过上幸福生活提供了全新的观点。

大多数人认为我们应该向内探求,寻找自我,从而决定应该怎样生活。我们根据性格和癖好断定哪类职业最适合自己,我们思考着与哪类人最为般配。我们以为只要找到了真实的自我、一份好工作以及灵魂伴侣,人生就圆满了,我们将培养真实的自我,并且实践一套关于幸福、成功和个人满足感的完美计划。

无论我们是否意识到这一点，上述这种关于建立美好生活的思考都根植于历史之中，特别是与16世纪加尔文教的"预定论"观念有很深的渊源——这种观念涉及被选定的"选民"，以及一个为每个人的愿望都制订好方案的上帝。加尔文教信徒反对遵循仪式，他们认为礼仪刻板而空虚，并且强调对更高神性的真诚信仰。如今，我们不再以所谓的"预定论"和"选民"来思考世界，甚至有些人连上帝也不再考虑，但我们今天的思维模式在很大程度上仍是这些早期新教观点的遗存。

现在，很多人都相信每个人都应当是一个充分认识自我的独特个体。我们相信自己应该活得真实，对真理保持忠诚，只不过现在人们倾向于将真理置于内心，而非一个更高级的神灵之上。我们打算努力活出真实的自我。

如果这些我们认为可以提升生活品质的观念实际上限制了我们呢？

我们常常把哲学和"抽象"甚至是"不实用"的观

念联系在一起,但是,本书中诸位思想家总是以日常生活中具体的、寻常的断面来阐明自己的观点。他们坚信更大的变化恰恰发生在日常生活的层面上,充实的人生也正是由此开始。

在我们深入了解这些哲学家时,希望你允许他们去挑战一些你曾经最珍视的信念。他们的思想有些可能符合我们直觉上的理解,有些可能并不符合。我们并不期望你赞同所有的观点,但正是与这些迥异于自身信念的思想相遇,才让我们意识到自己关于幸福生活方式的设想仅仅是众多方案中的一种。一旦你认识到了这一点,你就不可能不加改变地回归于过去的生活。

第1章

自满时代

一些历史视野已经成为我们今天的普遍认知。

在19世纪之前,人类都生活在所谓的"传统社会"里——人们总是会被告知应该做什么。当时,人们出生在某种早已存在并将决定他们一生走向的社会结构之中:生来是农民的人就继续做农民,生来是贵族的人就继续做贵族。出身决定了人们所拥有的金钱和权力,因此他们的生活轨迹早在降生之时便被确定了。

19世纪的欧洲,人们终于冲破藩篱。他们第一次意识到每个人都是可以理性思考的个体,他们可以为自己而选择、掌握人生。我们是理性生物,而我们所创造的世界充满前所未有的机遇。伴随着这样的觉醒,现代世界诞生了。

我们可能会认为,如果有一部分人打破了藩篱,那自然就有另一些文化落在了后面。对许多人来说,古代中国代表着最为传统的社会,当时的人们必须遵从被严格界定出的社会角色的要求,他们生活在一个井然有序、阶层分明的社会之中。

当然,有时对传统社会和古代中国的解读会被赋予一种浪漫化的调子:如今的我们彼此疏远,而传统世界的人们则与整个宇宙和谐共处;我们与自然决裂,力求控制和主宰自然,而传统世界的人更愿意依据自然的模式来生活。

这种看待传统世界的感性观点对我们并无教益,它仅仅是把所谓的传统社会变成了一些类似怀旧碎片的东西。我们可以去博物馆里看一具古埃及木乃伊,感叹它

"多么有趣";或是去看一件古代中国的手工艺品,感叹它"多么精巧"。乍看之下,它们是如此迷人,但我们并不想回到它们所代表的那个时代、那个世界。我们不想在传统世界里生活,也不打算从中汲取任何教训,因为它们不够"现代"。

但你会意识到,你关于"传统社会"的很多刻板印象是不正确的,"过去"的确可以赋予我们许多智慧。

上述的传统社会历史观带来的危险不仅在于它导致人们忽视了人类生存方式的多样性;人们还会认定只有当今社会的主导思想才能让我们掌控自己的生活,因而这种自满成了唯一正确的思想。

事实上,各个领域的大量观点都涉及人类如何才能过上自我决断的生活。一旦认识到这一点,我们就可以看清"现代"的真实面目:它只是多种叙事中的一种,建构于特定的时间和地点之上。由此,一个完整的思想世界得以呈现在我们面前,而正是这个世界让我们对自己深陷其中的误区发起了真正的挑战。

误区：我们生活在一个前所未有的自由时代

大部分人认为现代人在本质上是自由的，而我们的祖先不是。当西方人在19世纪摆脱了传统世界之后，我们终于能够自主决定如何整合这个世界。我们用了两个世纪的时间去"对付"那些相互竞争的意识形态——法西斯主义、资本主义等。终于，之后，我们走到了"历史的终结"。

但是，接下来我们该怎么看待这个发达世界里与日俱增的痛苦、自恋和焦虑呢？大家都说努力工作必然带来成功，然而现实却是贫富差距急剧扩大、社会流动性日渐降低。虽然生活中充满了各式新奇耀目的设备，我们取得了前所未有的医学进步，但环境和人道主义危机等问题也日趋严重。我们伟大的乐观主义已经消失，我们失去了整合这个世界的那种自信。

我们究竟解决了多少问题？当后世的历史学家回顾今天时，会把这个时代看作繁荣、平等、自由和幸福的时代吗？或者，他们会将21世纪初这段时期看作一个"自满的时代"吗？在这个时代，人们并不感到幸福和满足，他们目睹日益增加的危机却无力回应，并且认为并不存在可行的替代方案。

本书所谈论的中国哲学为这个"自满的时代"提供了出路，但它们并没有形成连贯一致的意识形态体系。实际上，这些观念中的许多有关生存的理念都走到了当今主导性思想体系的反面。

大约从公元前600年到公元前200年，一场哲学和宗教运动的"大爆炸"贯穿了整个欧亚大陆，关于人类繁荣发展的千差万别的观念由此兴起。在这一时期——后来被称为"轴心时代"（Axial Age），许多在希腊发展出的思想也出现在了中国，同时许多在中国形成的思想亦可见于希腊。实际上，那时在中国兴起的某些信念与今天在西方世界流传的普遍观念十分相似。只是在中国，这类观点已失落在历史中，反而出现了其他一些与此对立的观点，它们指引了另一条通向幸福生活的道路。

我们所讨论的任何一点都不应被视为与西方观念截

然相反的中国观念,或是与现代观念背道而驰的传统观念。在探索这些观念时,我们会发现,早在"现代"出现之前很久,人们就已经在争论如何以最佳方式整合世界;我们还会看到,在思考"如何幸福生活"的问题时的确存在着其他可选择的方案。

误区:我们都知道如何选择生活前进的方向

在西方,当谈到对繁荣富足和幸福的规划时,我们都会认为要依赖自己理性的头脑,并且相信可以通过精细的计算解决这类问题。面对生活中的不确定性,我们会从这样一种信念中寻求安慰:只要克服情绪与偏见,并将经验转化为一些可测量的数据,我们就可以把握机会、对抗命运。考虑一下我们应对道德和伦理困境时最受欢迎的方法吧:构想一个典型的假想情景,然后运用理性找到解决办法。例如在著名的电车实验中,我们可以设想自己身处一条轨道旁边,看着一辆电车沿轨道飞速驶来,它就要撞到轨道前方的五个人了,但如果我们拉动控制杆，就可以使电车转向另一条轨道，只是那条轨道上也躺着一个人。我们应该任由电车去撞那五个人，还是拉动控制杆拯救他们——主动选择杀死那个躺在另一条轨道上的人？

正确的做法到底是什么呢？

哲学家和伦理学家终其一生都在思索这类问题，已经有无数篇论文探讨了他们思索的结果，甚至还出版过一两本书。这种状况让我们将决策过程压缩成一系列数据和一个单一的抉择，而许多人认为决策就是这样产生的。

古代的中国人也尝试过这类思想实验，但是中国的思想家并未对此入迷。他们发现这是一种很好的智力游戏，可以让你玩上一整天，但是这对你的日常生活并没有任何影响。

我们自以为是的生活方式其实并不是真正的生活方式，我们所想象的决策方式也并非真实的决策方式。即使有一天你真的站在一条轨道旁，看到有人即将被迎面而来的电车撞死,你的应对方式也与理性计算毫无关系。在这种情况下,我们的感情和本能将占据上风,它们也同样指导着那些自发性较弱的决定,即便我们认为自己是完全有意识和理性的,结果也是如此。例如,我晚餐该吃什么?我该在哪里生活?我该同谁结婚?

中国哲学家看到了仅仅运用理性的局限性,他们开始寻找替代方案。在他们看来,解决之道在于磨砺我们的本能,训练我们的情感,并持之以恒地投入"修身"的过程。这样,我们就能在面对每一个具体情境时——无论是紧急情况还是日常琐事,做出正确的、合乎道德的回应。通过这些回应,我们可以激发身边人也做出恰当的回应。思想家就是以这种方式传道授业的,每一次偶然的遭遇和经验都为积极创造一个更新、更好的世界提供了机会。

误区:"我们是谁"的真理藏在我们内心

贵族宗教体系的崩溃让轴心时代的人们开始寻找真

理和意义的新来源。类似地，在我们这个时代，我们感到自己已打破了古老的、带有限制性的思维方式，也开始寻找意义的新来源。我们已经不断被告知，应向内看以探寻更高境界的真理。如今一个人自我实现的目标就在于找到真正的自己，并且根据他的内在本质过上所谓"真实的"生活。

这种做法的危险性在于，我们相信，当我们看到"真理"时，我们就会自然理解它，并根据它去限定我们的生活。我们倾己所有"投资"于这样的自我限定，冒着风险建议未来，而依据仅仅是一种狭隘的自我认知，即我们自认为的那些优劣好恶的标准。许多中国思想家认为，这样做，人们将只能看到自身潜力的很小一部分，我们会被某一时刻有限数量的情感因素限制一生。一旦将人性视为铁板一块，我们就立刻限制了自身的所有潜能。

其实，许多中国思想家认为，人不是也不应自以为是一个单一的、一元化的生命体。比方说，如果你自认为是一个坏脾气、易发怒的人，那么这些中国思想家则会认为你不该叹息"好吧,我就是这样",然后就拥抱这样的自我,因为你本质上也许并不是一个易怒的人,也许你只是落入了惯例(即某些行为模式),你用这些惯例去限定你的自我认知。事实是,你可能会发怒,但你也有温和或宽容的一面。

这些哲学家认为,每个人都是复杂多变的,每个人都存在多种多样、彼此矛盾的情感因素、欲望,以及回应这个世界的方式。我们的性格是通过向外看——而非向内看——得以发展的。然而,当你让自己从整个世界中抽离,去冥想或旅行时,性格并不能被培养,它们唯有在实践之中,借助你在日常生活中的所作所为才能成形,包括你对待他人的方式和你所追求的生活。换句话说,我们不是止于我们现在的样子,我们随时可以主动地磨炼自己,成为更好的人。

这项任务并不简单,这要求我们改变自己的思维模式,也要改变对"真正的变化如何发生"这一问题的固有想法。这里也没有一种迅速简单的解决方案,这类改变是渐进式的。我们首先要训练自己打开视野,从而把握构成某个既定情境的复杂因素(我们身处其中的情感关系、经营的公司、从事的职业以及其他生活境遇),接着渐渐转变我们与周遭一切事物的互动关系。广阔的视野会改变我们的行为方式,继而逐渐引起真正的变化。

真正的自由源于从自身的"核心"中发现我们是谁,而这种"发现"恰恰使得"自满时代"的许多人陷入了困境,我们阻碍了自己的道路。

* * *

那么,这是否意味着我们需要一个关于如何生活、如何整合世界的全新计划呢?恰恰相反,这些中国哲学家经常通过生活中平凡的一面来阐释他们的思想,并认为日常生活才是伟大变化将要发生的地方。本书纳入了很多日常实例来使"思想"贴近生活。他们打算向我们证明,我们已经做了许多事,只是做得还不够好。当我们反思生活中的这些方面时,我们就会明白这些思想是多么实际且具有可操作性。

本书的题目来源于一个中国哲学家常用的概念："道"（the Way）。"道"并不是一个我们必须尽力遵循的和谐"理想"，而是一条我们通过自身的选择、行动和关系而不断去开拓的道路。在生命中的每一刻，我们都在重新创造"道"。

世界上并不存在一种所有哲学家都赞同的统一之"道"，但他们一致认为，正是开拓"道"的过程拥有无尽的潜力，促使我们改变自身，进而改变我们生活的世界。

# 第 2 章

哲学时代

走进任意一家大型艺术博物馆,你都会看到众多艺术品展馆:美索不达米亚、古埃及、古希腊、罗马帝国、中世纪欧洲、近代欧洲。每间展馆里都摆满了精妙的手工艺品,当你顺次走过它们,便能够追踪到文明的源流。如果你愿意,还可以走到展馆的另一端,观看印度、中国和日本展厅。

这就是我们了解世界历史的方式:互不相关的文明随着时间的流逝独立发展。

请想象一种全新的博物馆，一种仅仅以时间维度来策划出展品排布的博物馆。比方说，你走过一个展厅，可以在其中看到古罗马银币、中国汉代的铜钱、印度孔雀王朝的银铸货币。那么，你将立刻意识到三大文明在大致相同的时期内经历着非常相似的变化，尽管它们相距甚远，但每种文明都已经建立起一个帝国，并采用了一套基于铸币的经济制度。或者，你可以走入一个展示几个世纪之后的早期中世纪文化的展厅，欣赏基督教、伊斯兰教、佛教的圣物和建筑遗迹。它们将生动地展示出，所有主流宗教都在历史上同一时期传播开来，沿着连通地中海地区、中国和印度的商路建立起来，欧洲和亚洲自古以来就相互连接。

* * *

许多人认为全球化是现代独有的现象——技术和航空旅行开辟了一个新时代，原本彼此隔绝的社会终于能够联结在一起。然而，孔子、苏格拉底和佛陀几乎同时在

2500年前提出了类似的哲学问题。尽管他们生活在完全不同的地方,相隔甚远,说着完全不同的语言。事实上,发明、技术和理念一直在全球范围内传播。欧亚大陆的内在动态张力和运动几乎决定了欧亚大陆的历史。孔子、苏格拉底和佛陀是在回应非常近似的社会刺激因素。

为了理解哲学争论出现的原因以及为什么这些思想家会聚焦于类似的问题,我们必须理解他们所处的活力充沛的文化背景,追溯思想渊源。

19世纪的欧洲人并不是第一批认为自己摆脱了过去、创造了新纪元的人。类似的断裂在人类历史上已反复发生,其中最显著的断裂之一发生在公元前1000年中叶,范围横跨欧亚大陆。

在这一革命性的历史转折中,已统治欧亚大陆近2000年的青铜时代贵族社会开始崩溃,此前他们以世袭血统为唯一路径传递权力和财富。当这些政权瓦解之后,一些新型政治实验也开始涌现——从希腊的激进民主到中国的集权政治和法律体系,不一而足。这些治国的新形式孕育出了更广范围内的社会流动。同时,在产生新政权的巨大社会变革中,内嵌于早期贵族传统内部的宗教体系也开始崩溃。

由此产生的结果便是欧亚大陆上宗教与哲学运动的大繁荣。在古代希腊,这是苏格拉底、柏拉图与亚里士多德的时代,同时也生发出了毕达哥拉斯学派和俄耳甫斯教派。在印度,这带来了耆那教的出现,以及佛教的诞生。而在中国,这是孔孟之道和我们将在本书中提及的其他哲学与宗教运动发端的时代。所有这些思潮都大致同时出现,并且其指涉的都是在社会秩序崩溃时浮现出的问题:管理一个国家的最佳方式是什么?应该怎样建立一个人人都有机会成功的和谐的世界?我应该如何生活?这些哲学家全力解决的问题与我们今日所遇到的问题惊人地相似。

轴心时代一直持续到公元前最后几个世纪横跨欧亚的庞大帝国形成。而作为对这些庞大帝国的回应,一系列救世宗教于公元纪年之后的最初几个世纪在欧亚大陆上传播，包括基督教、摩尼教、大乘佛教、道教和稍晚出现的伊斯兰教。在那几个世纪的时间里，在欧亚大陆的大部分地区——特别是欧洲，各国的哲学与宗教实验最终都平息了，人们又回到了贵族秩序之下。

轴心时代的社会变革在广阔的地理区域内引起了不同社会极其类似的发展路径。没有证据表明孔子、佛陀和古希腊哲学家曾经听闻彼此，更不用说彼此的思想了。然而，到公元前500年前后，这些在欧亚大陆不同区域发生的重要哲学运动统一于一种信念：世界必须改变。

在青铜时代的大部分时间里大多数人看不到改变他们生活轨迹的可能性，但现今社会流动性的增加向人们传递了这样一种观点：原先只有一些人能够得到的东西实际上可以适用于所有人。

与此同时，人们发现自己生活于巨大的文化危机之中。这一时期的特征是战火绵延，尤其是在希腊、印度北部和中国的华北平原——这正是许多重要的哲学与宗教运动的诞生之地。在这些地区，人们普遍感到迷失，放弃了能够让其在朴素的礼仪中生存的行为准则。希腊诗人赫西俄德捕捉到了这种时代精神,哀叹他生活于一个人际关系已然瓦解的时代:父亲和儿女彼此攻讦,孩子不照顾年迈的父母,兄弟姐妹互相争斗,而人们竟直率地"赞美暴力"。

正是在这样的文化危机中,宗教与哲学运动开始产生。许多运动涉及逃离现存社会和创建替代性社区的主旨,而这一切都基于一种"拒绝暴力"的信念。另一些运动则强调通过设想一个更高级的世界来超越此时的堕落世界。

中国华北平原上出现的思想运动的主旨集中于创建替代性的世界。但对参与者们来说,解决方式不是逃离旧社会或寻求更高级的、超越性的世界;他们宁愿相信,创建替代性世界的最有效方式正是在人们的日常生活中做出改变。

对世俗生活的重视由一些特定的社会发展状况引起。在华北平原,对青铜时代世袭社会衰落的回应之一是由士大夫掌权的新政权的兴起。士大夫的社会地位仅次于贵族阶级，与贵族不同的是，士大夫借由功绩而非出身来维持自身的地位。越来越多的人期望借由教育之途在这些新的官僚机构中谋得一官半职，从而提高他们的社会地位。这些人在读书受教之后逐渐对现世社会产生严重的不满，进而开始思考如何变革。在这一时期中国的大部分新宗教和哲学运动中都可以看到不断发展的士大夫阶层中的人物。

让我们来看看孔子的经历。这位伟大的哲学家生活在周朝的衰落时期。"周"所代表的是一个强大的贵族集团，它宣称因自身执掌"天命"而高于当时的其他贵族。在中国历史早期，"天"被视为一种神祇，它赋予当时最贤德的家族以统治的权力，并且只要这个家族遵守道德，它就可以保有统治的权力。这非常像19世纪之前的欧洲，大贵族凭借"君权神授"统治社会。

在孔子生活的年代，这些处在统治地位的贵族世家却正在失去他们的权力。周王朝最核心的贵族集团不断衰落，其他贵族集团也是一样，没有哪个家族可以站出来声称被授予了新的天命。

正是在随后到来的政治真空期里，像孔子这样的人物开始逐渐引人注目。孔子曾当过一些小官*，后来他成了一位老师，而他培养的新一代弟子依然在努力谋求官职。

今天当我们谈论儒家思想时，我们常常把它和严格的社会等级、性别界限以及强调恪守传统规范联系起来——这种印象在某种程度上建立于后来人们对孔子学说的重新阐释之上。然而，在《论语》当中，孔子的形象并不是一个试图控制他人的人，他也并不想建立一种统一的意识形态。相反，我们看到了一个力图创立人人都能安居乐业的世界的先驱。这样的世界在当下也应当建立，只要找到我们与周围人互动的正确方式，便能实现。

孔子认为，在他生活年代之前500年的西周早期以及更早的时期是中国历史上的光辉时代。他认为那个时

---

* 作者记述不准确。孔子早年做过小官，五十多岁后当过鲁国大官——司寇等。——编辑注

代由一些修身有成、品德高尚的人所统治，他们成功地建立了一个更好的世界。孔子也想做同样的事：建立一个能够让他的学生们茁壮成长的世界，其中一些学生有望建立一种更高层面的社会秩序，在此秩序之下，更多的人能够安居乐业。

这本书中提到的每一位中国哲学家都与孔子相似，每个人都生活在时代巨变的严酷考验中。他们面对自己所处的社会，积极地思索崭新而令人激动的生活方式。他们都深信，人人都有发展成长的潜力。

此外，这些思想家不愿意聚焦于一些大而空的问题。相反，他们想问的是：我们的世界怎么变成了这样？我们能做些什么去改变它？从这些现实的问题之中产生了令人兴奋的发现，即每个人都具有伟大和善良这些特质。

第3章

论人际关系：孔子和假设的礼仪

如果我告诉你，和一个4岁孩子玩捉迷藏的简单游戏就能戏剧性地改变你所有的人际关系，那么你一定会深表怀疑。然而，你思考一下，当你玩这个游戏时——你蹲下并把脚伸出壁橱门外好让孩子很容易地找到你，他发现你后会高兴地笑起来，你热情地和他一遍又一遍地重复玩这个游戏。你并非简单地加入了一场无忧无虑的玩闹，你们两人正在参与一个仪式，你们从中获得了不同于日常生活中所拥有的身份角色，在这个仪式中你建构了一种全新的现实。

这看起来似乎违背直觉。我们倾向于认为礼仪会教给我们该做什么,而不是发起变革。然而,一脉自孔子发端的古典思想,却带给我们关于礼仪之功能的一种全新认识。

孔子(公元前551—前479年)是中国的一位伟大哲学家。他对后世广泛而深远的影响并非源于什么宏大的观念,而是源于一些看似简单的想法,这些想法颠覆了我们对认识自我以及与他人相处之道的一切固有看法。

《论语》是孔子的弟子在他去世后编纂而成的一部语录集,看看从《论语·乡党》中引出的这句话:

席不正,不坐。

还有这一句:

食不语。

是不是跟你想象的不太一样？它来自人类历史上最重要的典籍之一，然而似乎显得太过平常了，是吗？

以上这些引文并非个例。《论语》里充满了有关言行的具体的、微小的细节。我们知道孔子的手肘要举多高，我们能了解他走进一间屋子后会如何与不同的人说话，我们还可以发现孔子吃饭时最微小的细节。

你可能会怀疑，这些东西怎么会有哲学意义？你甚至忍不住要亲自翻翻《论语》，去寻找那些真正深奥的篇章。但是，为了理解使《论语》成为一部伟大哲学著作的原因，我们需要了解孔子在用餐时的举止，我们需要知道他在日常生活中都做了些什么。正如我们在下文将看到的那样，这些日常的细节格外重要，这是因为我们正是通过经历这些时刻才能够成为与以往不同的，更加优秀的人。留意最微小的细节就是过上有道德的生活的开端，只有借助平凡的现实才能够获得真正的伟大。

这样的见地在哲学领域里是十分罕见的。如果你去上一堂哲学课或是读一本哲学书，很可能会看到哲学家直接跳入一些很大的问题中，比如：我们有自由意志吗？生活的意义是什么？经验是否客观？道德是什么？

但孔子则采用了完全相反的做法，他不用那些宏观的哲学问题开头，而是提出了这样一个基础的、看似深奥的问题：你怎样应对你的日常生活？

对孔子来说，世上的一切都从这个最细微的问题开始。与那些宏观的、难处理的问题不同，这是一个所有人都能回答的问题。

支离破碎的世界

我们通常认为浸淫于传统文化中的人都信奉某种形式的和谐宇宙观，这种观念指导他们应该如何生活并限定了他们扮演的社会角色。这的确是许多西方人眼中的中国，但实际上，中国哲学家认为，世界由一系列无尽的、破碎的、凌乱的偶然构成。

这种世界观源自一种观念，即人类生活的方方面面都受情感的支配，包括不断发生的人际互动。公元前 4 世纪，郭店楚墓竹简《性自命出》中有言：

> 喜怒哀悲之气，性也。及其见于外，则物取之也。

一切生物都有其性情或行为倾向，并以其特定的方式回应其他事物。正如一朵花有朝向太阳的内在属性，鸟和蝴蝶注定会寻找花朵。人类亦有其内在倾向，我们的倾向就是从情感上回应他人。

我们通常不会意识到自己的情感源源不断地从内心流出，不过，情绪会随着我们的经历往复变化。我们遇到快乐的事物就会感到愉快，遇到恐怖的事物就会感到害怕。有害的关系会使我们深感绝望，与同事的争执会让我们生气，和朋友的竞争则会产生嫉妒。在多次实践之后，我们的回应逐渐变成模式化的习惯。

这就是生活——人们时时刻刻都在遇到他人，并以不同的方式做出回应，情感也不断波动起伏。没有谁能逃离这样的生活,无论是游乐场上的孩子还是大国领导人。每一次人类活动都由我们的情感经历所定型。倘若人类生活中充斥着人与人的互相对抗与消极回应,我们就会生活在一个支离破碎的世界里,与生活无休止地斗争。

但一切并非没有希望——我们可以改善自己对这些无休止的际遇的应对方式,建立起一套秩序。《性自命出》认为,我们应该努力走出凭借情感随意应对事物的状态(情),进入一种行为得当的状态,拥有"更好的回应方式"(义):

> 待习而后奠。……始者近情,终者近义。

发展"义"并不意味着要克服或控制"情",正是情感使我们成为人类,它只是意味着我们要培养自己的情感,将其内化成一种状态更好的回应他人的方式,这些更好的方式进而会成为我们自身的一部分。当我们改善了回应方式,就可以开始以一种经过深思熟虑的方式回应他人,而不仅仅是做出自发的情感反应。我们可以通过礼仪来实现这种改善。

风俗与礼仪

大多数人都保有特定的"礼仪"。无论是清晨的一杯咖啡,还是家庭晚餐、周五晚上的例行约会,或是在睡前让孩子在我们肩上"骑大马",这些时刻都十分重要,因为它们让我们感受到生活的连续性以及意义,并且把我们和所爱的人联结在一起。

孔子或许会认同把这些时刻都看作潜在的礼仪体系,他详细说明了什么是"礼",以及它为什么如此重要。

设想一些我们每天都会遇到多次的普通场景。你偶然遇见了一位朋友。"嗨,你好吗?""很好!你怎么样?"这个简单的举动让你们在继续往下交流之前短暂地联系起来了。你的同事把你介绍给一位新同事。你跟他握手，然后你俩随意地谈论天气或是一些时事新闻。又比如，你在杂货店里遇到了一位亲密的朋友，你们给了对方一个温暖的拥抱。你们聊了一会儿各自的生活，对话简短而生动，还在分开之前约定以后小聚一次。

我们面对不同的人采用不同的问候语，提出不同的问题，也使用不同的语调，通常这一切都是无意识的行动。我们根据交流对象的不同，巧妙地调整自己的行为、语言、语气乃至每个特定的词语。我们根据谈话对象来调整谈话方式，因为这是适应社会的正确的做法。而且，我们一整天都会在不同的场合里持续不断地转换自己的行事之道，以应对不同的人。

任何一个哲学家都会注意到我们会根据不同情况，使用不同的问候方式和语调。但很少有人会思考这些事情在哲学中的重要意义。

这就是孔子的与众不同之处。他注意到这些让我们花费一天中大部分时间做的小事，正是讨论哲学的起点。这些小的行动将成为习惯——我们经过社会化的锻造将其当作了惯例，而它们中的一些会成为"礼仪"——孔子以一种全新而令人激动的方式给它定名。

* * *

人类是拥有习惯的生物。我们习惯于社会化的行为，自然而然地为陌生人让路，或在面试时打上领带。

即使这些事是我们无意识而为之的，它们仍然会产生好的效果。比如，在我们情绪低落时，和别人打个招呼，就会打破坏情绪引发的恶性循环。或者，问候一个和自己发生过矛盾的人，向他展示你彬彬有礼的样子，就能打破僵局。我们正是通过这些小事，改善和他人的关系的。

然而，当我们在一生中只是机械地完成大部分社会习惯时，它们就失去了那种能成为礼仪并能深刻改变我们的力量，它们并不能帮助我们成为更好的人。

为了帮助自己改变，我们必须意识到，打破常态生活能够给予我们发展自身的可能性。在儒家观念中，礼仪具有变革性的力量,因为它能使我们在某些时刻变成完全不同的自己。它让我们从日常生活中短暂地抽离出来,体验到一次微小的改变。在这个短暂的时刻内,我们相当于生活在一个"假想"的世界("as if" world)中。

假设的礼仪

在古代中国,人们认为冲突的情感、躁动的能量、混沌的心境就是人类倾其一生要尽力克服的天性。但在死亡来临时,濒死者会释放最为危险的能量——对生者的怒火和怨恨。死亡会引出种种可怕的情感,如悲哀、困惑和莫名的怒气。

为了与这些负面的、不可控的情绪做斗争,人们发明出了各种仪式活动,其中最重要的是祭拜祖先,其目的是使危险的鬼魂转变为慈善的祖先。牲畜的肉(通常是猪)会被放置在青铜礼器内,在宗庙中当着族人的面用明火烹制。族人将召唤鬼魂降临,让鬼魂们享用烤肉时腾起的浓烟。人们希望通过这样的供奉仪式，赋予鬼魂人性化的形象，将他们邀请到家人中间，保佑族人。而仪式过后，祖先又可能回到带有怨念的鬼魂形象，所以人们需要反复举行这样的仪式。

在《论语·八佾》中，孔子被问到祭拜祖先的问题。他说仪式是绝对必要的："祭如在。"（祭祀他们，就如同祖先亲临其境。）重要的是，得完全参与仪式："吾不与祭，如不祭。"（如果我没有参与祭祀，就如同没有祭祀一样。）

在生活中，死者和生者的关系经常是不完美的，正如现实中的人际关系一样。一位父亲可能是严厉、缺乏爱心、喜怒无常的，他的子女可能是对外界充满敌意和桀骜不驯的。而当这位父亲去世后，所有和解的可能性都已告终，这种无法解决的紧张关系将会纠缠活着的人，使其更加痛苦。仪式能让我们摆脱这种不安，创造出一个仪式的空间，人们可在其中塑造出理想的关系模式。在这个空间内，生者与死者之间原本存在的愤怒、嫉妒和怨恨，都将被转换为一种更好的关系。

对孔子来说，仪式的必要性在于它能为举行仪式的人带来好处。询问仪式能否真正影响死者毫无意义，重要的是，在世的家族成员假设祖先就在那里，并举行祭祖仪式，这会给家族成员彼此之间的关系带来改变。

仪式也改变了生者彼此间的感情。死亡通常能够造成生者之间关系的变化。例如：兄弟姐妹之间休眠已久的竞争再次爆发；任性的儿子忽然成了大家庭名义上的领导，激起他人的不安。然而，在祭祖仪式之中，每个人都扮演着他们不同以往的家庭角色，假装不存在任何矛盾。

仪式的力量就在于它与一切事物都鲜明可见的现实世界不同。在一次儒家祭礼中，三代人之间完成角色转换：孙子将成为死去的祖父的化身，而他的父亲则将成为他的化身。每个活着的后辈在祭礼中都要借由现实世界里与自己关系最为紧张之人的视角来处事。

这显然是一个"假想"的世界：参与者不可能混淆

他们在仪式中扮演的角色和他们在现实生活中担当的角色。但通过这样的仪式，活着的人不仅可以建立起与死者之间不同以往的关系，他们自己也会被带入一种全新的关系中。

当然，仪式总会结束。家庭成员走出仪式空间，便立刻重新进入混乱的现实世界。随着时间的流逝，脆弱的和平再次破碎——兄弟姐妹彼此争吵、互相厌恶，父亲和儿子依然争执不休。

这恰恰是家庭需要反复举行仪式的原因。脆弱的和平可能在他们离开宗庙之后崩塌，但伴随着时间的流逝，通过一次又一次的仪式和不断重建那种更健康的人际联系，家族成员之间的关系将会越来越好。

仪式并不能告诉任何人如何在现实世界中行动，仪式中安排的完美世界永远不能替代有缺陷的真实世界。仪式能起作用，是因为每个参与者都扮演了不同于日常的角色，这种与现实的"决裂"是参与者改善人际关系的关键。例如，扮演儿子的角色能帮助父亲理解他的孩子，从而成为一个更好的父亲、更好的人。

祭祀仪式似乎距离21世纪的生活十分遥远，但这些礼仪的价值仍然存在。今天的我们依然被"鬼魂"所困扰：恼人的亲戚、难解的积怨和难以忘却的过往，等等。

我们倾向于采用模式化、习惯性的回应。这包括一些我们不假思索便会遵循的社会惯例和风俗，例如打招呼，或是为进来的人开门；也可能是我们根本没有注意到的一些日常习惯，例如我们给兄弟姐妹打电话时会抱怨一些事，或是在烦恼时倾向于静默不语而非坦白倾诉。我们一直在做这些事，其中一些模式是好的，另一些则没有那么好。如果我们永远"真实"地对待自我并据此行动，我们将陷入旧的习惯，难以宽恕他人，同时也限制了自身转变的可能性。

不过，现在我们已经知道如何打破这些模式了。

比如说，当我去一位朋友家拜访，作为外来者，我注意到了他和家人的日常习惯和小动作：周日早晨的煎饼早餐，他们互相拥抱和说早安的方式。我们会注意到这些，是因为这些场景和体验是全然陌生的。我们虽然观察旁人甚至参与其中，但我们却并不会把他人的习惯带回我们自己的生活中。

在旅行时，脱离自己的日常惯例可以让我们开发出自身新的一面。而当我们回家时，我们也能感觉到这些改变带来的持续影响。

那么，我们为何不一直这样做呢？也许是因为在真实生活中有意建立起一些仪式化的形式会令人感到做作。

但这些"假想"的时刻的确可以引发巨大的变动。

让我们回到本章开始时和 4 岁孩子玩捉迷藏的问题。这个游戏就是一种"假想"仪式，它允许角色的反转：易受伤害的孩子在此刻能够扮演一个强大的人，他可以击败一名成年人——只要能在游戏中找到他。成年人则扮演一个笨手笨脚，连藏匿地点都找不到的人。当然，这个仪式的一部分就是假装孩子比成年人更聪明。

这种角色反转打破了他们的日常模式。孩子有机会体验到自身的能力——游戏结束后他仍会记得。通常"永远正确"的成年人（至少在孩子眼中是这样），现在却扮演了一个易犯错误和易受攻击的人。角色反转帮助成年人开发出更复杂、更微妙的一面，他也可以把这些特质带入其他场合之中：脆弱性、关联性、多变性以及不过分掌控权力的能力。

对于游戏者而言，关键是认清自己正在扮演另一个角色，他们已经进入了一个替代了现实的世界，在其中展现着自身不同的一面。这类游戏不仅有助于发展人们更加快乐有礼的互动关系，还能开发出他们的不同特质，最终改善他们的人际关系。

礼仪的意义

为什么我们要说"请"和"谢谢"呢？

三个世纪以前，欧洲社会形态和人的社会关系仍由世袭的等级制度所确定。如果一个农民与贵族交谈，那么他必须使用某些敬语；而如果贵族居高临下地对农民讲话，他就会采用完全不同的措辞。

随着城市中市场的发展，不同阶层的人开始以新的方式交流。买家和卖家会假装地位平等，礼仪便由此发展起来。在说"请"和"谢谢"的时候，参与者实际上经历了一种表面上的平等。

我们同样也会采用这类"假想"的礼仪。想象一下你在餐桌前，你的孩子让你把盐给他。如果孩子很小，他还没有学会社交礼节，那你可能这么说："好的，你刚刚说了什么？"他可能不会立刻回答，你会进一步问他："你刚刚说了什么？"你会一遍又一遍地发问，直到孩子说出："请把盐给我。"然后，你把盐递给他，再教他学会说"谢谢"。

为什么我们要玩这个愚蠢的游戏——即使孩子明确表示这样被迫去猜字谜十分可笑？这是他进入礼仪世界的途径，你并不是在训练他以某种特定的方式做事，你是在让他领会如何请求别人帮助自己，以及如何表达感谢。

当然，一开始这确实是简单的死记硬背，是孩子成长过程中社会化的步骤之一。但是，在他一遍又一遍地做这些事的过程中，他就会逐渐理解其中的原因，当他看到别人如何回应他的"请"和"谢谢"时，就会明白何时采用这两个词更恰当，何时用其他一些词语或改变语调将会更好。

事实上，孩子比大多数成年人能更直观地理解礼仪。他们明白礼仪并不是现实，而其价值也恰恰在此。想想一群孩子玩虚拟游戏的场景：一个人假扮警察，另一群人假扮抢商店的强盗。他们挥舞着枪支，藏在垫子后面一次次地互相"射击"。孩子并不会像成年人那样把这样的枪战视为暴力，他们只是把它视为有别于现实世界的一场游戏。他们完全知道这是虚拟的，但他们不断重复着游戏，因为游戏给了他们走出日常生活的机会，让他们发现自己的不同特质。他们学习管理恐惧和焦虑的情绪，扮演拯救者和英雄，所有这些都发生在一个他们自己创造出的安全环境之中。

我们小时候听过圣诞老人的故事，这同样是一种"假想"的礼仪。家庭成员都参与到圣诞老人带着一大包玩具从烟囱里爬下来的故事情境之中。在圣诞节到来之前的几周，孩子们会给圣诞老人写信，列出愿望清单，好好表现自己。在平安夜，人们把一盘小饼干和一杯牛奶放在圣诞树下。成年人和年龄大一些的孩子也很愿意为小孩子营造出快乐的气氛。圣诞老人是否存在并不重要，重要的是如果家人都"假想"他真实存在，他们就会更好地一起庆祝节日并且亲近彼此。

活在"假想"的世界里是我们小时候都做过的事，但长大后我们就立刻抛弃了这种做法并坚信我们需要更真实地去行动。成年人其实也拥有一些礼仪性的空间，例如人们会走进心理医生的办公室，诉说自己的烦恼，发现真实的自己。但从儒家学派的观点来看，我们其实设定了一个实际的礼仪性空间，在其中我们可以"假扮"成日常生活中无法扮演的角色。心理疗法有助于打破主宰我们生活的固有模式，而通过与医生之间的互动，我们能够建立起与他人交流的不同方式。

然而，之后我们不可避免地又要落回到治疗室之外的旧有模式中。因此，我们可能会在数年间定期去看医生，不断练习打破旧有模式。这样，我们逐渐发展出人际交往的新模式，并最终创造出一个与往昔不同的、更好的自己。

我们看重诚信，但事实上人们在亲密关系中常常会使用善意的谎言。比如，"你是最棒的""不必担心""你是最好的厨师"，而最常见的莫过于这句："我爱你"。但通过这样的礼仪，人们摆脱现实，进入了一个假想的空间，这对于增进两人的情感关系很有好处。当他们以"假想"的方式表达爱意之时，他们也确实正在表达爱意。

再来看看孔子的《论语·乡党》。孔子强调"正席"并非因为他喜欢看起来排列整齐的事物，而是他知道很多像整理座席这样的小事都可以创造出一种不同的环境，从而深刻地影响置身于其中的人。"正席"礼仪放在今天相当于我们的晚餐礼仪。当我们布置餐桌时（摆放垫布、纸巾，点燃蜡烛），我们就走出了忙碌的日常生活，这就意味着开启了休息模式。

我们对真实性的坚守限制了自身的行为，我们很少允许自己"假装"。如果孔子突然出现在21世纪，他会立刻指出我们是多么矛盾：一方面我们会抗拒礼仪；另一方面，我们又在不知不觉地遵守诸多社会准则和惯例。当我们无视遍布于生活中的礼仪的价值时，我们就只能机械地完成它们，那么我们就会成为"机器人"。

如果我们采取一些措施，走出困住自己的机械化生活，我们将会看到这些替代性现实的价值，也会体验到事情的本来面目和我们所创立的秩序之间的张力，我们将不断训练自己，发展与他人相处的更好的方式。

礼仪的典范常常建立于洗礼、婚礼、毕业典礼这些场合。在这类仪式上，我们从一种状态（有罪的人、单身、学生）转换到另一种状态（信徒、夫妻中的一方、毕业生）。这样，我们通过礼仪得到转变。

孔子提供了一种关于转变的全新认识，它不去探讨宏大的、引人注目的事件，而是关注重复性的琐碎片段。就像说"我爱你"这样的"假想"时刻，它在一天中创造出了不少人际联系契机，这些联系会随着时间流逝而逐渐加强。

可塑的自我

在通过"假想"的礼仪完成转变之前，我们必须首先抛开所谓的"真实自我"的心理。

"要真诚，要真实，做自己。"这些口号鼓励我们向内看，努力发现自我，然后拥抱自我。

这样做的危险性在于，我们所"发现"的只是某时某地关于自己的一张快照。我们阅读励志书籍，冥想，写日记，然后为自己诊断，给自己贴上标签："我是一个无拘无束的人""我是一个性急的人""我是一个梦想家""我害怕亲密行为""我童年时的频繁搬迁导致我现在认识新朋友时轻佻善变""我经历各种消极关系是由于我与父亲的关系一直不好"……

这些标签驱动了我们的行为和决策，也成为一种自我实现的预言。而且，很多人感到自己被自我设限。

西方人定义的"真实的自我"只是对他人与世界的连续回应模式，这些模式随时间推移而逐渐建立起来。比方说，你可能会认为"我就是那种容易生气的人"，但事实上，你多年来与人交往的方式让你变成了容易被小事所激怒的人，这并不是因为你本来就是这种人。多年来，你忠实于"真实的自我"，并将不良的情绪习惯定型了。

请记住《性自命出》中的教诲。我们应该将自己看作由各种具有差异性的矛盾情绪、性格、欲望、特质构成的复杂个体，而非借助自省试图发现一个单一且一致的自我。当我们这样做时，我们就具有可塑性了。

儒家学派的做法是：注意到你的固有模式，然后主动地改变它；随着时间的流逝，打破旧模式。比方说，在你父亲开始对政治的长篇大论时不再唱反调，或是努力做到在伴侣下班时去迎接她。久而久之，你能将更具有建设性的处世方式内化，而不会再被情绪反应牵着走。你会一点一点地发现自己的优点。

* * *

打破常规也有助于让我们看到他人的可塑性。也许你一直与母亲关系不睦，她反对你的人生选择，还说了不少伤人的话，于是你避免跟她交谈，并且感到绝望。

你和母亲之间的问题，在于你们的交流已陷入固有模式，你们各自陷于自身的角色：她是个唠唠叨叨的母亲，你是个任性的孩子。你们都对彼此不满，却找不到合适的沟通方法。

出路就在于认清你们已经陷入固有模式，而模式是可以改变的。请记住你的母亲绝不是静止不变的，她是由许多不同特质组成的复杂的人。想想看，你可以做什么或说什么去激发她的其他特质，然后采取行动，从而帮助她建立起一种善解人意的母亲的角色形象。

你的本能反应可能对此很抗拒："这不是我的真实感受。"为什么你要单纯为了激发你母亲的其他侧面而去改变自己的行为,并且在深感愤怒时要表现得十分慷慨呢?这种观点源自我们错误地相信必须听从一个所谓的"核心自我"的指挥。我们是应该根据此刻的困境来行动,还是积极主动地开启一系列新的可能性呢?

无论对于我们自己还是别人,都不存在一个需要去发现的"真实的自我"。美国心理学家和哲学家威廉·詹姆斯曾写道:"有多少人认识某个人,这个人就有多少个社会自我。"这真是一个令人吃惊的儒家观点。每个人都拥有无数种彼此间会经常发生冲突的个人角色,没有什么规范告诉我们应该如何操控它们,只有在礼仪方面的练习可以帮助我们学习如何做到这一点。

但通过打破固有模式的礼仪,我们将学会如何善待周围的人。这就是"仁",一种善良的情感。

"仁"的重要性

孔子的弟子经常向他请教"仁"的定义，孔子则根据不同情况给每个人一个不同的答案。这是因为儒家的"仁"不是一种可以被抽象定义的概念，它指的是你能在与人交往时以恰当的方式回应，善待他人并发现他人的优点的过程。

我们做的每一件事都在表达善意或贬损善意。你大概感受过一个人愤怒地冲进房间时屋里气氛的变化，但你很可能没注意到街上陌生人皱眉头的动作会如何影响到你——这会影响到你的情绪，并产生一连串后续反应。在那一天里，你不是最后一个被微小的皱眉头的动作所影响的人，因为你还会影响到你周围的人。

若要理解我们会在多大程度上影响到别人，请试着改变你的一些行为。比如，向你最好的朋友翻白眼，在电梯里热情地向公司沉默寡言的首席执行官问好，在高峰期的地铁上把你的背包放在旁边刚刚空出的座位上，看看会发生什么？之后再尝试不同的做法：帮陌生人扶着打开的门，给在人际关系方面遇到问题的朋友发安慰短信，搀扶老人过马路。请记下这些变化怎样影响了你和你周围的人。

孔子不会给"仁"下定义，他希望弟子们知道只有在不同的场合中感受到仁善，才能理解"仁"的意义。我们都感受到了善，一旦我们认识到它，我们就可以让它更进一步。

"仁"的表达

你怎样帮助一位处于困难之中的朋友？

对伦理学家来说，这可能不是一个重要的问题，他们倾向于讨论可以在更广泛的方面进行理性计算的那类问题。他们经常选择一些完全脱离现实生活的抽象例子，比如我们在前文中提到的电车实验，这些实验的唯一目标是以理性思考来解决一个明确定义的问题。而电车实验容不得模糊不清：倘若五个人中有一位是你的母亲，或是五个人都是小孩子，那么你将如何做？伦理学家会说如果这些因素影响了你的决定，那么你就没有做出理性决策，而是允许情感因素扰乱你的判断。

德国哲学家伊曼努尔·康德就是按照这些原则思考的。他认为，无论你处在何种情境之中，你都应该假设你的行动足以成为任何人在任何情境下的普遍法则，并依此行动。

为了说明这一点，康德给出了如下的实验：假设一个无辜的人藏在你家里，一个想杀死他的杀人犯敲门，并问那人在不在，你是应该撒谎来救这个人，还是应该说实话？

康德的回答是：你应该永远说实话，因为不撒谎是绝对的原则，不能根据情境而变化。这一思想实验的关键在于，它认为环境是无关紧要的，即使是在一种每个人都可能会说谎的情况下，说谎仍然是错误的行为。

从纯粹的康德学派视角来看，诸如"怎样帮助困境中的朋友"这样的问题永远不会成为伦理学思考的有效出发点。它涉及太多复杂的因素——困难情境的复杂性，朋友易受伤害的程度，都有谁在帮助他，他处理危机的一贯方式，该情境牵涉的其他人的冲突情绪。

然而，对孔子来说，朋友身陷困境的场景恰恰就是触发我们思考伦理行为的起点。孔子会说："你当然应该撒谎去救那个无辜的人，因为你应该考虑情境中的全部因素而非单一且宽泛的道德戒律。"例如，"撒谎是错误的"。他还会说，剥除了所有复杂的细节之后，康德的思想实验毫无用处。

试图建立一些抽象的普遍法则去指导人生非但不重要，甚至会很危险。它会妨碍我们学习如何应对复杂的情境，也会阻碍我们理解如何表达善。

孔子会提醒我们：你只做一件事就能帮助困境中的朋友。运用你对情境的敏锐感知去理解你朋友真正的困难是什么。每个情境都是独一无二的，并且一直在变化：你的朋友是否缺乏睡眠，你聆听朋友烦恼似的反馈，这些都是会引起变化的因素。你对具体情况的了解、把握整体事件的能力，以及对所有导致你朋友此刻处境的判断，比如他是需要别人的鼓励以走出困境，还是需要诚挚的同情，抑或帮他泡一杯茶或取一下快递？根据这些判断，你就可以提供友善的帮助。

从儒家思想的角度出发，我们可以做得更好。在这个混乱的世界里，我们要应对无数的角色、情绪和场景，唯一的准则就是善。孔子把培养和表现善看作成为有德之人的唯一途径。

创造和改变礼仪

孔子常给人留下刻板印象，人们认为他是一位严格的传统主义者，并敦促他的跟随者倾其一生去遵循社会惯例、适应特定的角色。但现在我们应该很清楚了，他的教义并非如此。当我们施行礼仪，获得"仁"的意识，我们就走到了僵硬死板的反面。施行礼仪有助于防止我们陷入单一的角色,以礼仪修身还意味着我们要学习在何时、如何去创造或改变礼仪。

实际上,《性自命出》也指出了礼仪的起源。在人类文明的早期,人类经历过这样的时刻:在人们众多能产生效果的人际交往之中,有一些行为进行得十分顺利。人们注意到这类经历带来的良好效果,便开始重复它们,于是这些事就形成了礼仪。

我们也在创造和改变礼仪。请设想你走进屋里,看到你的妻子似乎在为某件事感到担心。每当你看到她这样,你就会坐在她身边,鼓励她把事情说出来。给她空间去表达自己的感受,这已经成为一种既定的礼仪。

但孔子会强调,在这个特殊的情境中,丈夫应理解妻子需要哪方面的关心。也许只是安静地拥抱她对她最合适,如果你这么做了,她也将以不同的方式回应你,那么拥抱就会发展成你们两人之间的一种固定的礼仪。由此,你改变了之前的礼仪并创造了新的礼仪,并增强了你们之间的亲密感。

* * *

如果我们做到了不断地表达仁爱，那么能得到什么呢？孔子的弟子也会问他，人死后是否会因生前善待他人而得到好报。孔子的回答非常简单：

未知生，焉知死？

——《论语·先进》

孔子的回答不是关于我们是否应该相信死后之事，它强调的是关注当下我们能做些什么，并且去发掘他人最好的一面。

孔子的重点不在于讨论个人快乐，他要求每个人都努力完善自我。他说：

其为人也，发愤忘食，乐以忘忧，不知老之将至云尔。

——《论语·述而》

完善自我　改善世界

> 克己复礼为仁。
>
> ——《论语·颜渊》

我们倾向于认为只有从大处着眼才能改变世界,孔子并不怀疑这一点,但他也说:不可忽略小事。别忘了"请"和"谢谢"。只有改变自己的行为,变化才会发生;只有从小处入手,我们才能改变自己的行为。

孔子教育我们只有通过礼才能培育出仁爱,只有当我们以仁爱之心面对生活,才能懂得何时施行礼仪以及如何改变它们。这种循环性恰恰是孔子思想深刻性的组成部分。没有哪种伦理或道德的框架能超越人类生活的具体情境和复杂性。我们所拥有的只是这个芜杂的世界,每个人都要在其中努力完善自我。通过这些简单的"假想"礼仪,我们建立起新世界。而只有在日常生活中,我们才能够创造一个更美好的世界。

第 4 章

论决策：
孟子与变化无常的世界

设想一下，提出一个计划去推进你的生活。你可能是一个刚毕业并怀有雄心壮志的大学生，也可能是一个在生活和工作中陷入困境的中年人。你可能在想是否要迎娶你的女朋友，或者你和你的伴侣正准备组建家庭，但又不确定如何使家庭与工作相协调。假如你开始了你的计划，却再三受挫——你发出几十份简历却毫无收获，你的女朋友决定不跟你结婚并且要和你分手，你和伴侣有了一个生来就有严重疾病、需要全天候照顾的孩子。尽管你之前做了详尽的规划,但面对不可预料的现实,你感到难以承受。

在中国的历史来到战国时期时,儒家学者孟子认为是时候在儒学基础上建立一个新朝代了。尽管当时孟子已上了年纪,但他还是开始周游列国,向一个又一个的统治者游说,希望他们能听从他的教义并付诸实践。

多年以后,齐国的国君给了孟子一个显赫的官职,并且为他带来了大批的听众。孟子毕生致力之事似乎就要实现了:他可以成为一位杰出君主背后的谋士,并且帮助他开辟一个崭新的、和平的时代。

然而,不久之后,孟子看出齐王对学习自己的学说并不感兴趣。当齐王和邻国开战并且以孟子之语为战争做托词之时,孟子失望地意识到他的职责已尽——齐王只是利用孟子来让自己的侵略行为看起来符合道德,其实并不打算听从他的意见。而另行择枝而栖对孟子来说已经太晚了,他将永远无法成为一位杰出君主背后的谋士,于是他离开齐国,回到了家乡。

孟子面对的是所有人都会遇到的困境：一次令人失望的挫折已经毁掉了他为自己一生所精心安排的计划。他抱怨命运，责备上天。

但是，这段经历却极大地促进了他的哲学思想的形成。孟子认为，我们在规划生活时认为一定会发生的事情，恰恰会限制我们。

我们如何生活、如何做决策，归根结底在于我们如何看待自身生存的这个世界：我们是相信它是连续稳定的，还是相信它是不可预测、变化无常的。但是，如果我们不再相信世界是有序和公正的，不再相信计划是走上成功之路的重要一步，那么我们又该如何过好自己的生活呢？如果我们生活在一个变化无常的世界里，那么我们该如何制订计划，如何做决策呢？

变化无常的世界

当我们在为未来做规划时，我们倾向于假设未来是可预测的。当然，我们会在口头上承认生活可以在极小的范围内变化，没有任何事是确定不变的，但是，我们还是经常对那些与期望不符的事情感到惊讶。当谈到如何生活的问题时，我们表现得就好像这个连贯一致的世界上有可以依赖的稳定事物一样，而这个假设会影响我们做出决策的方式。

和孟子大约同时代的墨子也持有这样的世界观。墨子出身平凡，却靠自己闯出了一条路，最终建立了一个成员之间紧密联系的类似宗教性团体。他描绘出了一个任何人只要足够努力就能成功的公正社会。

墨子认为，社会在让人获得自身成长上的努力是失败的。墨子也相信，社会应当鼓励人们达到更好的道德状态。与孔子不同的是，墨子和他的追随者（墨家学说的信徒）并不相信礼仪能够教化人；相反，他们认为礼仪是无意义的、程式化的，人们若关注礼仪就浪费了本应花在其他更重要的事物上的时间。他们认为真正重要的是真诚的信仰：在这个语境中，那就是对"天"（即他们眼中创造了这个世界的神灵）的信仰。

对墨子和其追随者而言，上天给出了是非正误的清晰指引，人们应当遵循天的指引，以便过上美好的生活。如果遵循，便会得到报偿；如果违背，则会受到惩罚。在其生活的时代，墨子认为人们并没有遵循那些指引，而这导致了风俗败坏、社会衰落、政治局势动荡的结果。墨家学说的信徒设想以天的道德密码来重塑社会。墨子认为，如果人们在教导之下能信仰蕴藏于宇宙之中的道德准则，比如公正，那么这就会促使人们以伦理的标准行事，进而打造出一个更好的社会。强调真诚的信仰，对礼仪抱有怀疑，由伟大的神灵建立一个连续统一且可以预测的世界，这些都让墨家学说在许多方面与早期新教徒的思想极其相似。

新教教义在很大程度上塑造了很多现今西方人认为是理所当然的理念。人们可能在是否信仰上帝上有分歧，但是仍有同样的基本认知框架：我们是生活在一个确定的世界中的确定的自我；我们应当表现得像个会做出理性选择的个体，计算什么会让我们受益，什么会带来危害。如果我们反躬自问，探索自己是谁，制订出让自己成长、丰富起来的计划，继而努力去实现计划，那么我们就会成为生活充实的人。简言之，我们都是墨家学说的信徒。

儒家学说认为，善不可能被抽象地形容出来，人们只能通过自己置身其中的每个场景去对它进行不同的理解。墨子的观点则分外鲜明：善是指一切能惠及绝大多数人的事情。墨子认为，人们对于和自己关系亲密之人的具体感受是怎样的并不重要，因为爱无差别，人们应该努力去给予每一个人平等的关怀。四个世纪之后，当耶稣传道"爱你的邻居、爱你的敌人"，"把另一边脸也给人打"时，他传递给信徒的是与墨子类似的观念。在今天，我们仍被教导要多做慈善，参与志愿服务，关心他人。

当然，墨子意识到了人们不会自然依据道德来行事，他们的情绪和私欲会成为阻碍。他坚信，社会应该推动人们追求合理的行为。这种推动力包括对善行的奖励（成功、钱财、名声)和对恶行的惩罚(失败、降职、罚款)。如果人们生活在一个是非分明的社会里,努力工作便会得到奖赏,有不好的行为则会受到惩罚,那么他们就会努力做一个好人。墨子坚信,一旦建立起正确的奖惩系统,一个人人都能得到福祉的社会就会出现,那便是一个被他称为"兼爱"的世界。

* * *

孟子对墨子以上的看法持有极大的异议。乍看之下,孟子的观点可能让人很迷惑:对一个努力工作就能成功、有可信赖的是非标准、人人都能得到平等关爱的公正社会为什么要反对?

实际上,孟子的世界观与墨子的十分不同。孟子认为世界是反复无常的,努力工作不一定就能成功,恶行也未必会受惩罚。任何事情都没有保证,世界上不存在一种人们可以依赖和信任的稳定且包罗万象的连续性。正相反,孟子相信世界是支离破碎、永久混乱的,需要不断进行改变。只有意识到万事皆非稳定,我们才能以一种最广阔的方式来生活。

关于孟子学说的文集《孟子》由他的弟子在他死后编辑而成,里面充满了叙述细致的故事、对话和逸闻趣事,从而将孟子这个人完整地呈现出来。这就是为什么这些文字如此引人注目:它传递出一种认知,即人自身具有复杂性,而人在这种不确定的状态下,易犯错误意味着什么。孟子不是安详的佛陀,不是无私的耶稣。孟子不是一个平静温和的智者,他给人的印象是机智、雄辩、固执、自大并且性格复杂。他尽力追求善行,有时却连自己的理念也无法践行。

对于墨子那种世界是由人们的行动而联系起来的观点,孟子感到十分危险。孟子认为依照墨子的理念永远无法形成一个和谐兼爱的社会;相反,那会形成一个近似于巴甫洛夫式的世界,在那里人们习惯于去做那些趋利避害的事情。那样的世界将会是一种人人被训练成只为私利而行动的状态:"我该做什么去获得我想要的东西呢?"

实际上,孟子认为,只有当一个人没想过这个世界上存在统一的奖惩系统时,他才会变得更有道德。毕竟,如果你相信有这样的体系,你就不会努力去成为一个更好的人,你会为了让自己获利而行动。在他看来,墨子所谓的创建一个和谐兼爱的完美世界的宏大想法反而会导致出现一个充满了追逐私利者的世界。

孟子担心,让算计之心塑造人们的行为会导致人们的认知不带有任何感情色彩。比如,我们怎么会像爱我们自己的孩子一样去爱一个陌生人的孩子呢?

当然,从平等中去除情感正是墨子的观点:我们的头脑应该允许我们理性地明辨是非,摆脱不切实际的幻想和欲望。但是孟子相信,正是保持感性的一面才让好人与众不同;他们会紧紧抓住并且辛勤培育他们的感性回应,这使得他们在任何一种情况下都知道什么是正确的事情,什么是正确的决策。

墨子和孟子的哲学思想差异代表了分别把世界看作

连贯一致和变化无常的这两类人的区别。在前者的世界里，人们的行为由自身对普世规律的信仰所决定；在后者的世界里，人们通过微小的行为来培育自身和人际关系，从而不断重塑这个世界。

我们如何做出决策？

即使在今天，我们做出的决策也基于我们对世界的看法——虽然我们很难意识到这一点。大多数人都像墨子一样，将世界看作连贯一致的。我们完全清楚事情不会永远按照计划进行，但我们也倾向于认定社会运行有其普遍法则：如果你努力用功，你就会学习好；如果你受到良好的教育，你就会找到一份好的工作；如果你与所爱之人结婚，你就会幸福地生活下去。

通常，我们依靠两种模式来做决策，它们都基于一种信仰，即相信世界上存在我们可以依赖的稳定事物。

首先是"理性选择"模式：我们是可以用大脑做出

逻辑决策的理性生物。我们做大量的研究，列出利弊，权衡得失，去争取最好的结果。我们会认真考虑该上哪门课，是否要继续深造，或者去一座遥远的城市工作。

另外，我们还喜欢"直觉"模式，即听从内心来做决策。比如，我们会随心决定去哪儿吃晚餐，下个假期去哪儿度假或者给客厅买什么样的沙发。

最后，大多数人会综合采用这两种模式。我们先做研究，之后还是会跟着感觉走。

孟子认为世界是变化无常的，因此他指出这两种决策模式都将让人误入歧途。如果我们相信可以仅仅依靠计算来做决定，我们会认为自己确实在做理性决策，但这些决策将会被无意识的因素所扰乱。这并不是什么新闻，大量关于决策的研究都证明情感会干预理性思考。

但这显然不意味着我们应该转而依赖直觉，因为直觉通常是未经思考的，甚至是自私的个人欲望的表现。

还有第三条路。我们可以不断磨炼自己的情感，使它与大脑同步工作，从而做出一些能打开未来局面的决策。我们并非生活在固定不变的世界里,不可能撇开情感,情感让我们能够把握每个情境的细微差别,并加以应对。

如果你和姐姐关系不好,那么仅靠一次突破性的面对面的谈心不可能改善你们的关系。相反,关系的修复来源于你做的许多小决定:如果她不断地激怒你,在和她交流时你会如何表现和回应?你可以将你的关注点放在你和她的日常交往上,发现影响你们交往的所有小细节(包括她对你的行为的回应)。正如这个世界是不稳定的一样,你们的关系也不是固定不变的。如果明白这一点,你就可以同时去改变这种情况和你们的关系,磨炼你的情感,借此让你的回应创造出更好的交往轨迹。

这些可能的轨迹在我们身边随处可见。比如你没有及时给一位远方的朋友打电话,因为你在等待和他一年一次的聚会,这就是你主动选择了不去培养和维护这份友谊。你的忽视是一种主动的选择,会让事情朝着某种特定的方向发展。如果你的男朋友在考虑分手而你坚持要立刻把事情讨论清楚，而不是等一段时间看看你们两人的情绪会有怎样的改变，那么你会让一种本来不必发生的结局加速到来。如果你在一家商店被店员恶劣地对待，而你以冷静而礼貌的语气讲出你的不满，你就会打开你们之间的对话，这样也就改变了事情的结果。

回想一下那个难题：你会怎样帮助困境中的朋友？通常来说，我们怎样回应取决于我们认为怎样才能在具体情况下给那位朋友提供最好的帮助。意识到情况的特殊性，我们实际上就是在以一种儒家的方式行动。大部分人都不会首先去思考理性收益和普世准则。

如果我们总认为一切都是确定不变的，那么我们就把自己限制在了某些习惯性的角色之中。比如，你认为自己属于有同理心的一类人，你就可能对直接的干预感到不舒服——即使你知道这才是此时你的朋友真正需要的。你可能会想："我只要聆听就好了。"

但这样你就因为定义了"我是谁"而预先限制了你把握整体情况的能力，限制了你能给出回应的幅度，也限制了你所能表现出的善意。

为了在不断变化的世界里根据整体情况做出决策，你需要训练你的情感，你需要依据自我、复杂的情境和未来的发展方向来理解决策意味着什么。

孟子相信，培养一种清楚怎样行动能导向积极轨迹的能力，是建立起对复杂情况全面理解的唯一途径。他也相信我们生来就具备这样做的潜力，即善的潜力。

善的潜能

你设想自己正在走过一片草坪，附近有孩子在玩耍。忽然你听到一声尖叫，一个孩子掉进了一口废井里。他正紧紧地抓着井边，竭尽全力不让自己掉下去。

你毫不犹豫地跑过去救这个孩子，没有片刻的犹豫。

孟子用孩子落井的寓言来强调人们都拥有行善的潜力。他认为，任何一个人都会马上跑过去帮助那个孩子，而人们这样做的原因不是为了名声、奖赏、赞扬或孩子父母的感激，他们会自发地这么做，只是因为他们想要拯救孩子的纯粹愿望。

如果我们能发展这一本能，就会知道在其他场景中应该做什么和如何决策。当然，要完全发掘出行善的潜力还是很困难的。我们会说别人的闲话、嫉妒朋友、向孩子大吼大叫，我们一次又一次地让自身最差的一面展现出来。如果我们会去救一个身陷危难中的孩子，那么为什么我们在日常生活中还会经常伤害身边的人？我们为什么不做更多的事情以培养行善的潜力呢？

如果考虑到每个人生来就有行善能力，这就更让人困惑不解了。

> 人性之善也，犹水之就下也。人无有不善，水无有不下。
>
> ——《孟子·告子上》

人性之善是潜在的，它可能丢失，可能扭曲，可能被际遇所改变。

> 今夫水,搏而跃之,可使过颡;激而行之,可使在山。是岂水之性哉?其势则然也。人之可使为不善,其性亦犹是也。
>
> ——《孟子·告子上》

孟子希望人们发自内心地理解行善的感受,从而理解如何让自己变得更善良。想想看,行善的切身感受是什么呢?你在日常生活中如何才能得到那种感受?

为了回答这些问题,孟子教导我们去思考善的萌芽("善端")。所有萌芽都有生长的潜力,但它们只有在教养得当的环境中被培育,才能实现这种潜力。与此相似,每个人都有内在的最初的善,因而都要对此善念加以培养。孟子的结论是,每个人生来都被平等地赋予了成为圣人的潜力,我们能够创造一个让所有人健康发展的环境。

事实上,我们却常常忽视内心的"萌芽",忘了浇水施肥，或者太过武断地拔苗助长。我们会破坏天性中的善，被嫉妒、愤怒和怨恨所支配。这样，我们就会伤害自己的天性，也会伤害周围的人。通过释放自身最坏的本能，我们也会带出他人最坏的一面，进而也断绝了他人善的萌芽。

如果我们留意自己的每一次善举，无论是多么微小的事——热情地与人谈话，帮陌生人开门，在暴风雪后帮邻居刨出被埋的车，我们就能从中体验到温暖、热情。这些具体的感受就是孟子所说的我们内在的"善端"，它们被我们的慷慨行为与人际联系所滋养。

当你注意到这些感受，以此来培育自身更好的一面，并发现这对你和他人的正面影响，你就会更有动力这么做。如此一来，你就不是在抽象地培养善，而是在有利于行善的环境中不断学习。你像是一位孤独的农夫，耕耘着粗疏的农田中善的嫩芽，但感受到你善意的人会被你激励，从而培育他们自己的善的嫩芽。这样善意便会不断累积并扩散，让世界更加美好。

追随内心

善与做出重大决策之间有什么关系呢?

当我们完善自己的情感回应时,我们就发挥出了人性的巨大潜力。不断地在人际交往中进行自我教育,不断地培养善的萌芽,可以让我们明白怎样在一种给定的情境中做出正确的道德决策。

尽管墨子坚信应在理性才能和感性才能之间划出清晰的界限,并使理智(mind)尽可能远离情感(heart),但在中文里,理智和情感可以用同一个词来表示:心。心既是情感的栖息地,也是理智的核心。心可以沉思、思虑、冥想并且感受喜怒哀乐。孟子认为,圣人不同于常人之处即在于他们有能力跟随自己的"心"(heart-mind),而非盲目地追随感觉或理智。培养理智与情感合一之"心"是锻炼我们做出正确决策的途径。

请想想在生命中我们面临的那些平凡或重大的抉择:晚餐吃什么?下学期上什么课?是否换工作?是否

申请离婚？明智的决策并非单纯来源于理性的思考，而是来源于充分理解我们的"心"能够明辨正误这件事。只有理智与情感相结合，我们才能做出好的决策。

当我们被动地听命于感觉，就会做出轻率放恣的决定。没有感觉饿却还想吃点儿什么，自认为被怠慢而对伴侣咄咄相逼，这些"感觉"，往往会引发不理智的行为。但如果我们将理智与情感合一，就能从一个更稳定的角度来回应生活，就能够聚焦于整体情况，而不会被冲动、情绪波动或原始感觉所干扰。我们将知道怎样的回应可以展现出最好的自我，同时引出他人最好的一面。

让我们回到那个孩子落井的故事。这个寓言描述的当然是不常见的危急时刻，我们生活中遇到的大多数抉择也并非如此清晰。潜在的善的倾向并不会立刻告诉我们该做什么，比如，怎样才能帮助一位遭遇个人危机的朋友呢？哪份工作对你的未来最为有利？你是否应该搬到生病的父母的住地附近居住？

你可以用你的理智去陶冶你的情感，了解在日常生活中激发各种情感和反应的事件。想想看,你有哪些观察世界的模式习惯和固有表达?你的伴侣指责你使用洗碗机的方式是否激起了你童年的回忆——那时的你总感到自己笨拙无能?你是否倾向于安抚朋友而非直白地干涉——因为你认为自己没必要强烈表达自己的意见?

当你找到了这些出发点,以及不间断地改变情感的固定模式,你就能努力改善你的回应。请注意,留意自己的情感回应并不等同于"正念"(mindfulness)。"正念"是一个大致源于佛教的概念。它是让你观察自己的感受,接受它,然后随它去,以此来脱离情感并达到个人内心的平静。因为即使你确实感受到了平静,这种感觉也将在你重回日常生活之后消失无踪。而养"心"是一种外向化的活动,目的不在于让我们从世界脱离而在于让我们更深入地了解世界,由此才能通过每一次互动把自己和身边的人变得更好。

每一天,外在事物都会激发我们的情感回应,比如蹒跚学步的孩子递给你一束他采的花时你感受到的喜悦,在街上偶遇前男友时你一闪而过的痛苦，当老板以电邮提醒你即将到来的工作上报期限时你的焦虑。所有这些回应都会累积，让生活变成一系列未经训练的模式化回应，这种回应往往会非常消极。事实上，很多有意识的决策过程只不过是在套用旧的模式。但如果我们用理智去陶冶感情，随着时间的流逝和经验的累积，我们就能更准确地体会到他人的感受，观察到具体情境里事情的真实进展，然后据此设法改变结局。我们可以训练自己对这些复杂性保持共情与理解的心态，并学会去改变它们。

比方说，假如一位同事又在你忙碌之时打扰你，你可能想冷落她；你也可能做出让步去和她聊天，随后却又自责不该让她耽误你那么多时间；你还可能对她大发脾气，抱怨她不知道你有多忙；也许你随后会向你的朋友发泄，而他们认为你应该果断地告诉那位同事你当时没法跟她聊天。如果你不认为她是一位烦人的、爱打扰他人的同事，而是把她看作一位拥有复杂感觉、习惯、模式、情绪和行为的个体，你就会拓展出一种更为广阔的回应方式。在这个情境中，她身上的特定层面由于特定原因被展现出来，而你也是一样的。你可能觉得应该直截了当地处理这个问题，告诉她你现在有工作要完成，从而让她理解你的处境。实际上，更有效的策略是认清你改变自己的做法将会改变事情在未来的发展方向。一旦你把她看作一个多层面的、无限复杂的人而非一成不变的单一个体时，你就会看到可以改变当前情势的多种做法以及更多细节。例如，她是在孤身一人时过来找你聊天的吗？也许你有其他办法应对她想交流的愿望呢？

假设你的哥哥在对你发脾气，你们之间长久以来的积怨最终爆发。这时你不假思索地对他发脾气并不是一种训练有素的回应，当然，你也不应该一味安抚他、麻痹他，或逃避谈话。但是，利用某个时刻抓住他行为背后所有的情感和触发点就是一种训练有素的回应。这其中当然有某种直接的刺激因素，但现在的状况很可能是由多年以来模式化的回应方式建立起来的。如果你尝试寻找他的怨气从何而来，你就会打破以往的沟通模式。

但训练有素的回应常常不是我们面对具有挑战性的人际状况时的第一反应，大多数人都会被当时的情绪和速战速决的愿望所控制。当你训练自己用更为广阔的视野去处理，同时深知如何才能改变结果时，你就是在不断地培育自己善的潜力。这不意味着要去除情感，因为那样会导致我们丧失把握整体情况的能力。它要求我们陶冶自身的情感，使得更好的回应能够本能地出现在眼前。

这就是培养理智与情感合一的意义，它会让你善待世界，并对事物拥有清晰的视野。孟子所说的"权变"就是指在仔细权衡每个情境复杂性的情况下本能地做出正确道德决策的能力。养"心"意味着磨炼我们的判断力——看到更大的格局，理解一个人行为背后的动因，明白不同的情绪（诸如焦虑、恐惧和快乐）会展现出一个人不同的面向。如果你已经培养好了理智与情感合一之"心"，你就不会问自己该如何处理生活中的各种际遇，就像你不必下意识地询问自己面对危难中的孩子该怎么做一样。

为万物生长奠定基础

当涉及更重大的人生决策时——选择大学专业,是否改行,跟谁结婚,我们经常会犯错。即便我们用"心"灵活地判断,并且看到我们的行动怎样不断地为世界带来细微的变化,我们仍然会把这个世界视为连贯一致的,因此我们坚信存在一些稳定的东西,例如我、我的优缺点、我的好恶与感受等。

因此,不仅是短期反应,长远的人生计划也经常建立于一种对稳定的幻觉之上。比方说,你正在规划职业生涯,你会考虑什么工作最适合你,你属于哪类人,你的强项是什么,之后,最终踏上一条基于你对自身刻板定义的职业道路。

但请记住,你认为你是谁,尤其是在做决策时你认为自己是谁，通常只是再现了你已经深陷其中的一系列模式。你认为这些决策反映了你的本来面目，但当你这么做的时候，你已经封闭了自己。

当我们基于"世界是连贯一致的"这一信念来理性地做出重大人生决策时，我们就是在假定一种清晰的境况、清晰的可能性、稳定的自我、不变的环境和一个不变的世界。在做具体而细致的计划时，你的依据实际上十分抽象，因为你在为一个抽象的自我制订计划：一个基于此刻的自我认知之上的未来的自我。不仅是你自己，这个世界和你所处的环境都会变化。你把自己从真实而混乱的复杂性中分割出来，你排除了自己作为一个人成长的能力，因为你把成长局限于此刻你所处位置的最佳利益上，而不是关注你将要成为什么样的人。

如果与此相反，你认为世界是不确定的，那么你就可以把全部决定和回应建立在对复杂多变的世界和自我的认知之上。你可以让你的思维保持开放，思考那些更为复杂的因素。当我们长远地考虑问题时，我们才能收获最好的结果。最全面的决策来源于"奠定基础,万物方可生长"。

请看看《孟子》中这个关于开启文明曙光的故事。在那个时代:

> 天下犹未平,洪水横流,泛滥于天下。……五谷不登……
> ——《孟子·滕文公上》

禹被派去平定天下,他深耕土地、灌溉农田:

> 禹疏九河,瀹济漯,而注诸海;决汝汉,排淮泗而注之江,然后中国可得而食也。
> ——《孟子·滕文公上》

> 白圭曰:"丹之治水也,愈于禹。"孟子曰:"子过矣!禹之治水,水之道也,是故禹以四海为壑。

今吾子以邻国为壑。水逆行谓之洚水——洚水者，洪水也——仁人之所恶也。吾子过矣。"

——《孟子·告子下》

禹之行水也，行其所无事也。

——《孟子·离娄下》

禹通过开凿沟渠对环境做出了改变，但这些改变也都基于他对水流自然属性的了解。

这个故事的重点在于我们要像禹一样开渠治水。我们要像农民种植庄稼一样行事：农民会选择农地，拔除杂草，为土地施肥，播种作物（他们知道不同作物将在特定的气候中生长）。接下来他们耕种土地，除草浇水，保证生长中的作物能得到充足的阳光。但工作并未就此结束，他们还会建造栅栏去阻挡野生动物，根据土壤性质的变化去更换作物品种。农民对于时间和农耕节奏也十分敏感：他们知道何时需要改变，何时需要等待。在生活中，我们应该不断地对新的环境做出及时反应，正如一位农民不断地对影响农田的各种情况做出反应一样。

主动反应并不意味着试图强行筑坝拦水，正相反，它更接近于利用水向下流的本性来疏通水流。正如孟子所说：

> 所恶于智者，为其凿也。如智者若禹之行水也，则无恶于智矣。禹之行水也，行其所无事也。
>
> ——《孟子·离娄下》

"主动"的含义包括创造最佳条件并回应出现的各种情况，从而为变化打好根基。你的目标是为不同兴趣和多种面向打好有机生长的基础。

大多数人都在周末或闲暇时间发展自己的兴趣爱好，而我们通常不认为这些事和自己的人生目标相关，比如，参加一堂品酒课，学习水彩绘画，学习法语等。通过为生活中各种各样的可能性提前安排时间和空间，并且保持开放性和敏感度，你就与一位打理好农田以便让作物生长的农民一样了。

当你为兴趣留足空间，机会就会向你开放。你会发现你喜爱做手工，或者发觉法语不适合你，这将为你带来新朋友、海外旅行的机会，甚至改变你未来的职业方向。积极回应那些随时间推移而出现的变化，你就不会被限制住——你将更有能力改变你的生活和计划，从而迎接成长。

你不知道生活将把你带向何处，但你对自身的了解和能让你兴奋的事物都不是抽象空洞的，它们都源于实际经验。久而久之，你就可以开辟一条以前从未想象过的路，这样将产生你之前从未看到过的新选择。随着时间推移，你就变成了一个与从前不同的人。

你无法计划出生命中的每件事，但你可以去思考促使事情可能向某个方向发展的条件，这些条件打开了生命茁壮成长的可能性。这样，你就会在辛苦劳作之后有丰厚的收获。

"命"和生活的不可预测性

尽管你让生活保持开放并保持敏感,事情也并非总会成功。比如,你申请了一份工作,做了你能做的一切,却还是在最后一轮面试中被淘汰。比如,你用心投入了一份感情,却还是被甩了。比如,你安排好了假期,计划旅行半年,却在出发前得知你父亲病入膏肓,你必须取消旅行,陪伴父亲度过最后的几个月。这就是孟子所设想的世界,与墨子设想的截然不同。

在孟子的世界里,"命"占据优势。"命"有各种不同的英文翻译,比如上天的旨意(Heaven's commands)、命运(fate)或天命(destiny)。但对孟子来说,这个词指的是生活的偶然性,是那些在我们掌控之外发生的事——无论好坏。"命"解释了意外的收获(如就业机会)和悲剧(如死亡)——无论我们怎样计划或打算,它们都会发生。

我们知道什么是"命",例如有天赋的人被开除并且找不到工作；所爱的人莫名其妙地离开我们；好友突然去世，留下年幼的孩子等。我们无法掌控命运，最完善的计划、最详尽的决策也无法保证不会发生不可阻挡的甚至是悲剧性的事件。

当我们假设世界是稳定的，就会走向文化认可的两条道路之一：相信命运或相信自由意志。一个宿命论者可能认为所有发生的事都是注定的，他会努力接受世界的运行方式。相信自由意志的人则认为他能控制自己的命运，而这也可能让他遇到麻烦。例如在面对事业受挫、离婚或死亡时，他可能会在责任感的压力之下崩溃，也可能保持强硬的状态并尽快逃避。所有这些都是负面的行动，因为它们否认了生活的不可预测性。

而孟子这样谈"命"：

> 桎梏死者，非正命也。
>
> ——《孟子·尽心上》

在枷锁（桎梏）中死去意味着没能对突发事件做出正确的回应，意味着让发生的事情控制了我们的行动。无论是让悲剧毁灭我们，还是接受发生的一切，都相当于站在一面即将坍塌的墙壁下，然后说被墙砸死就是你的命运。

当然，还有其他的回应方式，这种方式允许我们塑造自己的"命"，打造自己的未来。就像孟子告诉我们的：

> 是故知命者不立乎岩墙之下。尽其道而死者，正命也。
>
> ——《孟子·尽心上》

生活在变化无常的世界里意味着我们并非生活在一个善恶有报的稳定的道德秩序之下。我们不应该否认悲剧的发生，同时我们应该始终期待惊喜并从容应对降临到我们身上的任何事情。而这就是一个变化的世界的许诺：如果这个世界确实是支离破碎且不可预测的，那么我们就可以不断努力去改善它。

我们可以在每一种境遇中让自己成长，我们可以让自己更好地面对这个不可预测的世界，并努力改变它。不同于"我是谁""我将如何生活"这样的大命题，我们需要从日常小事做起，通过持续不断的努力，试图改善自己的周边。而这些努力的成果，则是创造一个可以让人们过上幸福生活的美好社会。

面对命运，我们既不能被它击倒，也不能单纯地持乐观态度。在狂热的积极心态之下，我们会相信，无论面对多么艰难的环境，都有解决之法。然而，这样的思维所伴随的危险则是，它会让我们变得被动。不可控制的事情虽然会发生，但我们可以选择行动，离开即将坍塌的墙壁，回应我们的"命"，塑造我们的未来。

"命"不只是生活中的那些不幸，它还可以是美好的事物——一个突然出现的机会，为你创造了开始新尝试的好时机，而在这个过程中出现的某个人，刚好改变了你的人生轨迹——如果你始终将自己禁锢在一个预先设定的计划里，就会错过这些机会。当你在未来的某一个清晨醒来时，你可能会发现，自己已深陷在某个固定的模式之中难以脱身。

当我们不再相信世界是稳定的，我们就可以让"心"来指导我们。"心"能帮助我们正确地理解这个世界，为成长奠定基础，并且应对我们所遇到的一切。当你这么做的时候，你的思维模式也会开始改变，你原先以为稳定不变的世界也会显示出无限的可能性。

第 5 章

论影响：
老子与处世之道

想象你正在徒步穿越一座森林。这是一个极其美好的夏日午后，阳光穿过茂密的树叶洒在地上。望向远处，你看到一棵茂盛的橡树，它远高于其他树木，它是那么高，以至于你看不到它的顶端。距你几米远的地方有一株很小的树苗，在大树的阴影下生长。奇怪的是，你会认为大树是有力的、稳定的、威风的，而小树苗则看起来脆弱又易受伤害。

但是，当风暴来临的时候，森林将被大树上掉落的枝丫铺满。整棵橡树很可能无法承受强烈的风暴带来的疾风骤雨和闪电，最终，它会倒地。但是，小树苗却能保持完好，为什么？因为树苗可以随着风的变化而弯曲，它坚韧而柔软，当风暴过去后便能再次站立起来。正是树苗的弱点使它能够战胜风暴，繁荣生长。

* * *

我们通常会认为自己应该像森林里的橡树一样坚强而有力，为了实现我们的理想，我们不得不让自己变得更有说服力，甚至强迫他人服从我们的意志。

但是，在《道德经》里，有另一种施加影响力的秘诀。这种影响力源于对弱点中蕴含的能量的欣赏，了解差异化的隐患，并且将世界看作一个相互关联的整体。我们应当知道，真实的能量是从理解不同事情、情境和人们之间的联系之中得来的，这些都来自老子对"道"（the Way）的理解。小树苗正是因为更靠近"道"，所以最终获胜。

但是，树苗只会在风中摇曳并且无意识地生长，而人类不仅能理解固有的内在联系，而且还能创造新的联系，从而推动新的世界产生。

老子和"道"

老子是一位中国思想家，他也是一个神秘的人物。我们不知道他生活的具体时代，甚至关于老子是否是一个真实人物的名字也尚有争论。老子作为中国道教的奠基人而为人所知。

但是，老子并没有创立道教，"道"这个概念的出现，要晚于《道德经》几个世纪。人们在回溯历史时认为老子是道教创始人，那是因为《道德经》中频繁地提到了"道"。

大多数听说过"道"的人会对它究竟是什么有一些模糊的概念。想象一幅中国的山水画：烟雾笼罩群山，山上有星星点点的树和偶然出现的、特别微小的人物——

从广阔的自然中寻求抚慰的朝圣者。在西方，人们将这样的绘画作品解释为，一个人离开社会，到自然中寻找和谐。这样的绘画作品描绘的是一个不变的世界，人们需要找到内心的宁静才能适应其中。

这就是人们通常认为的"道"：一种外在的理想，凌驾于人类之上的完美的自然，而我们需要以此复归和谐。对很多人来说，《道德经》似乎将人们带回了具有神话色彩的"黄金时代"，那时的生活更加纯粹简单，人们如同中国画中的朝圣者，与自然世界同步，才能够随遇而安，接近"道"。这是19世纪的西方世界对《道德经》的阐释。那时的西方世界将自己视为"现代的"，而将东方视为其陪衬，这种阐释即出自以"现代"的眼光对传统中国关于和谐及宁静理论的浪漫幻想，与《道德经》的内容本身并无关系。

《道德经》所说的并不是让我们顺从某种和谐的模式，或以朝圣者的姿态或原始的方式处世。《道德经》告诉我们："道"是可以在此时此地主动触发的。每个人都有潜质变得行事有效和有影响力。我们可以重新创造"道"。

重造"道"

对于老子而言,"道"是一种原始的、无差别的状态:

> 有物混成,先天地生。
>
> ——《道德经》二十五章

宇宙中的一切都由此产生并复归于此。

同时,"道"会在许多层面上出现。在尘世的层面上,"道"近似于地面。想象一片从地面上生长出的青草。它不断生长、拔高,与"道"渐渐区别开来。这就是为什么比起成熟的橡树来,树苗更接近于"道"。当所有从地面上生长出来的植物枯萎,它们就将又一次回归地面,即"道"。

> 万物并作,吾以观复。夫物芸芸,各复归其根。
>
> ——《道德经》十六章

在宇宙的层面上,"道"接近于今天物理学家所说的宇宙大爆炸之前存在的东西,也就是在群星和银河出现之前、在宇宙分化之前存在的东西。正是在大爆炸之后,宇宙成了一系列已然分化的东西,由空间、时间和因果定律所支配。这种理论还认为,在某一时刻,所有已分化的东西会重新回归于虚无空白。

但在最宏大而重要的层面上,《道德经》集中讨论了处在所有时刻的所有事物在分化出来之前从何而来。书中把"道"比作生养"万物"(宇宙中的一切事物)的母亲。宇宙万物在诞生之初都是温和柔软的,万物在最初出现时就像孩子一样——就好像树苗和青草,它们是温和柔软的,因为它们仍然接近地面("道")。但随着时间流逝,它们变得越发刚硬,并从其他事物中分化出来。

我们越是把世界中的各事物看作彼此分化的,就越远离"道";我们越是把世界看作相互联系的,就越接近"道"。接近"道",我们就能从韧性和弱点中获得能量。

我们无法使宇宙形成新的自然法则,但"道"并非仅仅关于宇宙层面发生的事。在日常生活中最平凡的层面，新的情况也会不断出现，而每一个新情况都像从"道"中产生的微缩世界。如果我们明白事物由"道"产生的过程，那么我们就不仅是生活在这个世界之中，而且能够获得改变它们的力量，我们可以成功地获取新的交流契机、新的环境和对世界新的理解。

当我们明白怎么实现这一点的时候，我们就不再是小孩子了，而是变得更像母亲，我们会为新的现实赋予生命：

> 天下有始，以为天下母。既得其母，以知其子。既知其子，复守其母，没身不殆。
> ——《道德经》五十二章

当我们理解了世界的运行方式，我们就能够在任意时刻重新创造"道"。

虚假的"区分"

为了在生活环境中重新创造"道",我们必须明白经验中所谓的"区别"在多大程度上是虚假的。比如,为了得到神秘的启迪,我们必须抛开正常生活,进山修行,只有当我们脱离世俗生活时,才能融于"道"中。也许你有朋友进行了为期10天的隐居冥想,也许你一直想逃离现实生活在阿巴拉契亚山径上漫步,也许你盼望在周末安排一次长时间的森林漫游,或者去上一次瑜伽课。但所有这些远足、疗养、冥想的人,最终都要回归自己的正常生活。

我们把生活看作分裂的——工作和闲暇、公事和私事、务实和务虚、工作日和周末,这并不奇怪。周末的森林漫步带来的感受与周一早上的办公室工作完全不同。尽管周末的休息让我们精力充沛,并且效果还能持续一会儿,但休息依然存在于工作的现实领域之外。

但是,若分割生活并相信生活中的各部分彼此无关,我们就限制了自身行动和变化的能力。《道德经》不仅认为神秘性的启迪和我们的日常生活紧密相关,还认为它们不可分割。

我们通常认为周末的一次令人恢复活力的森林漫步就是与世界、与自身再度联结的方式,但这种态度反而会让我们走向更大的分离。"道"并不是我们周末漫步于森林时所感受到的东西,而是我们在每天的日常交流中主动创造出来的东西。

我们的野心和目标常常让我们认为自己与周围的人处于竞争状态下,这让我们和他们分离开来。我们会确信自己对这个世界的见解绝对正确,而这会让我们对其他人观点的接受度降低,在我们和他人之间筑起无法超越的壁垒。

任何区分,都有违于"道"。正如老子所教导的,将任何事物区分开来都有危险——即使关于道德和正义。

> 大道废,有仁义;智慧出,有大伪。
>
> ——《道德经》十八章

《道德经》深刻而强烈地对抗一切区分,以至于它把儒家经典信条——仁、智——都视作危险之物,因为那种信条直接促成对立出现。追求仁义,意味着立刻承认仁义的对立面也可能存在于世。这种想法使我们远离"道",而在有"道"的状态下万事万物彼此联系,全无区别。

然而,人们甚至不可避免地带着区别化的眼光去阅读《道德经》。虽然《道德经》是世界上最广泛地被翻译出版的著作之一,但是读者始终把它当成神秘的哲学著作或对政治策略、习武规则和商业手段的参考。虽然这种理解在一定意义上并无错误,但它们却也限制了人们理解《道德经》的真正意义。

如果一个人把《道德经》当作神秘哲学著作来读,他就会关注那些关于"道"的看似神秘的篇章,而忽略那些关于如何成为一个有效的领导者的部分。如果一个人把这本书看作成为伟大领导者的指南,他就会剔除诸如"谷神不死"这样内涵复杂且与主题无关的段落。

单单把《道德经》看作领导力指南或是神秘哲学文本,

都只看到了一个方面。神秘哲学的研究者和军事领导人实际上并非截然不同。神秘哲学的研究者同样也可以是一位处事有效的领导者,而行动高效的领导者可能亦是哲人。如果我们不对这些看似不同的篇章进行连续阅读,我们就会错过《道德经》论点中的一个核心部分:在我们没有把《道德经》、自己和世界看作分离和独立的时候,我们才能达到"道"的状态。

我们可以尝试去理解讲述关联性的理念,但怎样在实践中精确地避免使用虚假的区分呢?来想一想这些极其平常的例子吧,我们在其中都运用到了老子的思想——虽然我们并未意识到。

设想你在工作上遇到了一位很难对付的上司,他要求颇高又在想法上反复无常,他对你抱有不合理的期望,却又没有给你提供你所需要的指导或反馈。但如果你尝试寻找他这种态度背后的东西,你就可以思考如何把你们之间的整个关系转移到另一个方向上。比方说,如果他表现得傲慢自大并侮辱你(这常常是由不安全感所激发的），那么通过静静地观察更全面的情况，你就可以彻底思考是否是你某方面的表现导致了他的不安全感——也许你的某种能力让他感到有竞争性？或是你的某种弱点让他感到可以利用？你无意中做的哪些事促成了这种动态关系？也许你注意到了在你作完一场优秀的报告后他表现得特别勉强和不够随和——即使这报告是他布置给你的工作。你可以继续好好工作，但在你作下一次报告前试着就某些小问题寻求他的建议，这样他会看到你是一个努力而谦虚的人。随着时间的推移，类似这样的事情可以帮助你缓慢而慎重地转变你们之间的关系。

再比如说你是一位家长，你的三个孩子在大雪天里没去上学，待在家中。开始一切都很好，但现在其中两个孩子争吵起来，客厅里的气氛变得紧张。你可以在他们争吵期间教训他们，要求他们友善待人；你也可以分散他们的注意力，或者干脆让他们回自己的房间去；然而，你也可以不直接回应这场争吵。当然，你可以试图去了解每个人身上发生了什么，改变屋里各人的态度，从而扭转事态发展的方向，这样会真正有所裨益。也许你的女儿是因为想念学校的朋友而发泄情绪，或者你的儿子是因为你整个上午都在分心而大发脾气。此时你可以深呼吸，然后用冷静的举止、温柔的语调和让人安心的肢体语言去创造一种不同的气氛。当你真正理解了他们的感受，你就能改变孩子与你以及与其他人的关系，这样你就变得有能力处理这一情况。

假如你有一个十几岁的孩子，他总是将你拒之门外。你想知道怎样才能在不专断的情况下对他的生活产生更多影响——专断只会把他赶得更远。如果他能感受到你们之间的关联，他就会对你有更多的回应。你可以和他沟通，发短信，无偏见地与他谈论他热衷的音乐，或者在固定的时间和他一起做一些他喜欢的事。实际上，从儒家思维的角度来看，你正在引入新的礼仪，这种"假想"的礼仪改变了你们两人不健康关系的状态，让你们建立起新角色。打破旧模式的做法应该是毫无痕迹的，你正在为你们的互动创造一种新的模式。

如果你能先在完全不同的事物、情感或人之间建立联系，而不是直接挑明问题，就能够感知到如何在当下，或一段时间内改变这段关系和它所处的环境。你会明白如何与人性的上司建立可行的相处模式；劝解吵闹不休的孩子们，或和你那正处于青春期的儿子拉近感情。如果在面对不同情况时，你首先想到的单纯是处理问题的战术，那么你就会错过问题的关键。无论你采取的是调节、劝解、贿赂、训斥、哄骗还是强硬的干预，都会增强和加深双方的对立感。

我们知道，合理的教育技巧包括让自己冷静，让别人冷静，并且避免让你的压力增强本已存在的紧张气氛。用老子式的方法能够起作用，原因在于你是在主动地用新的办法重新联结起不同的人。

人在任何一种情境中的反应总是由某些因素所支配的，理解它们有助于你把握整体情况，从而对事态产生一定程度的影响力。但如果你能成为彻底开始创建新情境的人，无疑会具有更大的能量，其他人接下来会在你创造的剧本中演出，而且他们并不知道你就是创造者。

请记住，对老子来说，"道"是万物产生的根源。你不仅仅是在追随"道"，你更可以通过重新设定你在不同情境中的行为模式，重新调整你的人际关系，从而实实在在地成了"道"。

以柔克刚

> 弱之胜强，柔之胜刚。
>
> ——《道德经》七十八章

当我们坚持把世间万物的状态理解为完全分离（这间屋子，那条狗，我的杯子，你的书，你，我，他们都是独立的），我们就与"道"疏离了。如果与此相反，我们若感觉到实际上万事万物是相互关联的，并意识到我们做的每件事都会立刻影响他人，我们的行动就会变得更有效率。

毕竟，我们的文化是如此看重力量和野心，所以有这种想法并不奇怪——我们最终都在某种程度上相信，"进步"就是超过每一个人。如果一点儿竞争力都没有，我们就会担心自己要落在别人后面。

这里我们再次陷入了一种虚假的二分法：野心与被动；力量与弱点。实际上，很多读过《道德经》的人认为老子让我们放弃野心，变得被动、软弱，但其实完全不是这样。

《道德经》十分赞成主动，但它提供了实现主动行事的另一种可选方式。我们通常以为显示抱负的办法是动用自己的意志，但这会让我们走得过远，将注意力集中在错误的事情上，从而导致失败。我们对于实现志向的看法以及我们通常追求它的方式，就是失败的祸根。

当你大声叫嚣，当你试图对他人强加于自己的意志来获取权力时，你可能会成功，但你的这种成功仅仅是建立在你迫使别人认输的前提之下。最后，你的对手会充满怨愤并伺机打败你。

想想看，谁才是工作场所中最高效的人？是那个仗势欺人、把个人意志强加于他人的办公室恶霸？还是适应他人的情绪和接受事物的方式，用幽默与欢笑连接彼此的人？再回想一下你童年时的老师，谁最有说服力？是高声威胁恐吓同学们的老师？还是通过明智地运用沉默和小策略（比如用安静、低沉、缓慢、冷静的声音来引导学生）来保持班级和谐进步的老师？我们当然清楚哪种人的影响力更大，但我们是否能够将这些准则应用于行动中呢？

真正的能力并不依赖于外在的力量，这种力量会导致我们无法与周围的人和事物保持联结。一旦我们把世界看作一系列外在权力的平衡，我们就将自身和他人区别开来——无论是对他人强加个人意志，还是产生竞争性或隔阂，我们这样做便失去了"道"。

在很多领域中我们都能看到这种情况。比如你被一个想要打你的人攻击了，我们会认为应该更猛烈地回击他。但如果你正确理解了"道"，你就会采取相反的行动。

你知道这个攻击你的人会随着他攻击性的增强不可避免地过分自我扩张。你最大的获胜希望就是尽己所能地了解这个人,预测他那过分的自我扩张将在何时发生,而这就是你行动和反击的时刻——利用对手的弱点来回击。他那过分扩张的势头能够帮助你战胜他,这种观念就是柔道和其他武术的基础。借用老子的表达,你就实现了"以柔克刚"。

任何试图把个人意志强加于你的人无疑都是在背离正道,而相反地,《道德经》中的"柔"在于联结、感受和处理彼此分离的元素——这正是它的力量所在。

> 将欲取天下而为之,吾见其不得已。
> 天下神器,不可为也,不可执也。
> 为者败之,执者失之。
>
> ——《道德经》五十二章

19世纪早期,拿破仑正在创建前所未有的强大军队以及自古罗马帝国以来最强大的欧洲帝国。出于对野心和权力的渴望，他决定入侵俄国。

那时的俄国将军没有读过《道德经》，但他们清楚力量与软弱背后的准则。当拿破仑入侵时，他们没有顽强抵抗，而是撤退了。当法国军队深入俄国，俄国军队还是再次地撤退。法国人不断深入俄国的领土。俄国人进一步退却，伴随而来的却是法国人从祖国延伸出的补给线逐渐无法供给军需。法国军队直抵莫斯科市郊。当此关头，俄国将军再次率军撤退，烧毁了关键的建筑物，带走了全部食物，只留下了一座空城。于是拿破仑在1812年9月占领了莫斯科，宣布自己为俄罗斯帝国的统治者、人类历史上最伟大的帝王。他向俄国沙皇亚历山大一世送去了劝降条约，沙皇并未回应。

紧接着，冬天来了。空城没有食物，在俄国的寒冬里食物也无法通过补给线运进来。拿破仑军队中的士兵开始饿死。意识到可能随之而来的悲剧后，拿破仑除了撤退别无他法。天气更加寒冷了，他的军队只能在缺乏食物的情况下从风雪中杀出一条路来。当残兵败将最终回到法国领土时,50万大军缩减到了区区几千人*。拿破仑帝国由此走向覆灭。

是谓不道,不道早已。

——《道德经》三十章

无为而治

假设你经历了非常糟糕的一天,感到筋疲力尽。前一晚上又没有睡好,因为要准备两份工作报告。一整天你都在不停地开会。现在下午3点了,而你除了巧克力之外什么都没有吃过。接下来又有一场三周前就计划好的工作会议——当时你以为自己一定有时间的。事实上,你还是出于自愿组织了这场会议。

---

* 关于拿破仑率军入侵俄国初期和撤军时的士兵数量有不同看法,此处保留作者的观点。——编辑注

接下来会发生什么？你可能会冲进会场，对压力巨大的生活感到烦恼、紧张、气愤，然后，你希望会议能快点儿结束。参会人员将开始感受到你的压力、气愤和疲惫，而你的感受将会带出他们自己的压力、气愤和疲惫。其他人很可能因为屋子里的气氛而对你的话表示反对，小冲突将会产生，整个会议将演变成不愉快的冲突场景，而你离开会议时的感受会比之前更加糟糕。

我们可能都经历过这样的会议，在这种会议里，怨恨和反感的细微暗流最终会挖空一切。我们把自己和他人隔绝开来，并在别人毫不知情的情况下把自己的负面感受渗透进他们的经历之中。

当老子在《道德经》中谈论在任何一种情境中谁最有影响力时，他无疑认为是那些"无为"的人。"无为"意指看似不行动，实际上却力量非凡。还记得俄国将军吗？他们引诱着拿破仑一步步落入陷阱。那些实行"无为"的人看起来没有行动，但事实上，他们正是引导方向之人。

让我们先回到那个你主动发起的会议中去。情况还是一样的：你度过了非常艰难、忙乱的一天，这个会议成为你诸多责任之外的又一个新任务。你急急忙忙地赶到会议室的门口。但这一次，在你进门之前，请深呼吸、停下、保持冷静。你让自己平静下来，减少压力、愤怒，当你归于平静的时候，你就接近"道"了。

只有在你获得了平静之后，你才走进房间。你觉察到这间屋子和里面每个人的复杂性。你可以凭直觉感受到有些人十分紧张，有些人并未参与进来，有些人则十分兴奋。现在你的工作就是帮助这些人达成一致，从而让这次会议富有成效。

当你坐下的时候，不要大声吼叫："好吧，现在听好了，这就是我们要做的！"不，你只需要坐下，保持冷静和安静。

当然，你为会议安排了议程和一系列目标。你完全清楚事情应该如何去办。但是，不要公然且强势地摆明你的位置，而是要从你的团体中引发回应。你提出一些问题，带出几个观点，接下来你可以通过寻求响应的语调、精心组织的语言以及注视大家的方式，让他们给你反馈。当其他与会者开始发言时，你用冷静、有趣、开放的方式回应他们，通过非语言的交流——微笑、皱眉、点头去鼓励或劝阻，帮助拟定计划。

当会议结束，参会者离开时可能会这么想：这场会议进行得不错！但实际上，你凭借自己的行动完全扭转了会议室内的氛围——你的行动体现了"无为"的原则。你温和而巧妙地让所有参会者彼此联结。

当你顺应"道"时，你不但能理解他人，还能够指引和改变他们。无论是与家人、朋友还是同事相处，你都能通过温和与柔韧创建出一个小世界，从而改变他人的思考方式。

真正的影响力不在强悍的权力之中，而是来源于一个让人感到十分真实以至于无可置疑的世界。老子式的圣人正是如此行事从而发挥出其巨大的影响力的。

道法自然

> 功成事遂,百姓皆谓:"我自然。"
>
> ——《道德经》十七章

《道德经》无尽的能量就在于它有能力帮助人们增强其影响力,这种帮助不是依赖强硬或支配的姿态,而是依靠温和与联结。从老子所倡导的角度来看,让一个人在行动上变得格外有效的东西,是创建一个新世界的能力。因此,能量和效用并非来自指导性的行为或公然的策略,而是源于改变事物、打好根基。以这样的方式,人们可以小规模地塑造事物,也可以改变整个世界。现在我们来看看一些历史人物是如何完美地示范了这一点的。

美国人信奉《独立宣言》里写明的"人人生而平等"的准则。但是,如果我们回顾19世纪中期的历史,就会发现这个观点在当时的美国几乎不被接受。《独立宣言》在那时并未被视为美国的奠基性文献。1863年,在葛底斯堡演说中，亚伯拉罕·林肯申明"人人生而平等"。林肯此举意在含蓄地表明《独立宣言》才是美国的奠基性文献，美国是一个信奉"人人生而平等"的国家。

林肯的观点在当时是爆炸性的，舆论界对此表示难以置信。林肯的愿景在当时并未实现，但日后它逐渐被美国人接受而成为一种共识。

在经济大萧条时期，当时担任美国总统的罗斯福断定美国需要一个更具扩张性的政府，以便重振经济、扶弱助贫。当他提出新的改革建议时，最高法院判定这与美国宪法相违背。不过，经过了多轮政治斗争，罗斯福的改革计划（今天被称为"罗斯福新政"）最终出台，这项改革促成了一个新的联邦"大政府"的出现。这届美国政府管控经济，控制财政部门，以社会保障的形式向老年人提供经济支援，以福利系统向穷人提供了前所未有的资助。

为了推进这些改革，罗斯福创立了以往从未有过的更加激进的税收政策，其中最高的税率达到了90%。这种激进的治国新视野是如此成功,以至于它最终也被美国人接受。接下来的几十年里,监管型国家(regulatory state)的模式持续存在。在这种模式下,政府控制财政部门,调控国家商业活动,防止垄断出现,维持高累进税制。民主党和共和党都对此表示支持。在这几十年里唯一一次大幅度的减税由民主党的肯尼迪总统和约翰逊总统推行,他们将税率降到了70%以下的区间。

监管型国家建立起规模庞大的公共基础设施和覆盖面广泛的教育体系,促使美国进入了历史上最长的经济扩张时期。这种模式十分成功,其他国家也纷纷以美国为自身政治经济系统的向导。

如今,我们无法想象现在哪个美国人要支付高达90%的税款。我们理所当然地认为政府在调节经济和控制财政部门时只应发挥有限的作用,因为我们相信政府的行为会抑制经济增长。这种转变发生在20世纪80年代。

1980年,里根当选为美国总统,而他对美国的前景抱有非常不同的看法。他认为罗斯福新政以来的改革并未拯救美国的经济,而是使经济倒退了。他和共和党同僚认为:政府应该限制自己的管控力度,不要试图影响财政部门,要停止建设公共基础设施或建立教育系统,应降低税率以鼓励经济发展。尽管这一看法在最初提出时也极具争议,但到了20世纪90年代,它却被广为接受。到了克林顿执政时期,这一看法被称为"华盛顿共识",同样为民主党和共和党两派所充分接受。

*　*　*

在上面的三个例子里,林肯、罗斯福和里根都完美地践行了老子的哲学,他们最终把全新的、饱受争议的事情变得十分自然。

用老子的话来说:

> 道常无为,而无不为。侯王若能守之,万物将自化。
>
> ——《道德经》三十七章

亚伯拉罕·林肯并没有公然宣称《独立宣言》是比《美国宪法》更为重要的奠基性文献。相反，他写下的演讲词这样开篇："87年前，我们的先辈在这个大陆上创立了一个新国家，它孕育于自由之中，奉行一切人生来平等的原则。"林肯重写了历史，此处暗含的是一个从未存在的过去。不仅《独立宣言》并非奠基性文献，林肯在此还重新阐释了"人人生而平等"的宣言，把奴隶也包含在内。

罗斯福给人的印象不是一位标志着美国历史根本性转变的新的激进空想家，而是一位提出一点儿小建议来帮助大家的热心邻居。

里根同样展现了友好、诙谐、亲切的一面。在他政治生涯的早期，身为加利福尼亚州州长的里根曾是一名政治煽动者。当选总统之后，他把自己塑造成一种代表美国的牛仔形象，将自己的职业定位为演员和领导者、一位通情达理的家长。在与吉米·卡特的一次电视辩论中——这次辩论后来成为里根总统竞选活动中的转折点，里根在具体回应卡特的观点之前不是直接反驳,而是简单地拒绝,他笑着对卡特说:"你又来这一套了。"

从老子的视角来看,当你已经处在强势地位时,就太容易落入恃强凌弱的诱惑之中。老子的观点是,你永远可以以柔克刚。如果你处在强势地位,请采取弱势;如果你处在弱势地位,就更要采取弱势。

老子告诉我们,通过主动关联起周遭的事物就能创造出"道"。每一个人都可能成为老子,创造出属于自己的新世界。

第 6 章

论活力：
《管子·内业》与神性

想想你认识的最具魅力、最有活力的人，你是否认为他是一个"精力充沛"的人？你是否留意到和他在一起能让你振作、充实，而他也能让周围的人都充满能量？

再想想你筋疲力尽的时候，你会觉得自己处于"能量不足"的状态。你声音无力、思维混乱，只想爬上床去睡一觉。

有些人总是精神十足、充满能量。在辛苦一天后，我们自然会耗尽能量，但休息一晚，第二天就会满血复活。

但是如果我们能够经由个人训练达到"精力充沛"的状态,而且想主动为自己低能量、无活力的状态负责,我们的生活又会有怎样的改变呢?《管子·内业》关注的就是这个问题。它探究的问题是:"更有活力"到底意味着什么?如何才能达到?

发掘内在的神性

> 因为上帝知道,你们吃(到苹果)的日子眼睛就明亮了,你们便如上帝能知道善恶。
>
> ——《圣经·创世记》三章

许多关于活力和人类能动性的假设都基于古老的传说。在人类历史早期,人们曾经模仿他们想象出的神明,去学习如何生活,如何成为一个有地位的人。

人类的能动性大多体现在模仿万能的神或造物主,例如墨家认为神明是"天"——"天"创造了世界,可以使沧海变桑田，它掌握着是非善恶的标准。

当我们设法采取行动，捍卫自身或谋求所需时，当我们把能动性看作创造、控制或去占有某些事物时，我们就在不知不觉地靠近那些神性观念的遗产。我们认为自己在采用和神灵近似的方式运用自身的能动性：我们可以搬起一块石头，可以买一匹马，赢得一场比赛。我们以这样的方式做出改变，对外界事物施加自己的意志，甚至可以改变地球。

这就是长久以来人们所理解的能动性。然而，在人类早期出现模仿神灵的冲动之后，培养内在神性的浪潮亦在兴起。轴心时代的宗教运动拒绝了古老青铜时代让祭司来帮助人与神沟通的方式，转而声称"所有人都拥有一定的潜在神性"。在古希腊，很多人都在发展他们内在的神性。柏拉图曾谈论过"神性的狂喜"，亚里士多德也曾提及教养可以导向超越人类的"神性的理解"。类似的运动也发生在古印度：宗教典籍《奥义书》要求人们通过吐纳和冥想等修行去接近神。

几个世纪之后，早期基督教运动强调人类拥有发掘自我内在神性的能力；早期教会斥之为诺斯替教派异端，坚持人与神之间具有绝对差别。毕竟，上帝将亚当和夏娃赶出伊甸园是因为他们偷食苹果，而魔鬼却告诉他们苹果会让他们如神一般。这一禁令——人不应该试图变得像神——非常强大，恰恰是因为人类历史上始终存在着"变得像神"的欲望。

16世纪，宗教改革复活了每个人内心都包含着的神性火花的概念，这一概念提供了一种教会精英不必借由媒介就能直接接近上帝的途径。在19世纪和20世纪，人的神性潜能变得更为重要。哲学家尼采断言"上帝死了"，人类可取而代之。这充分体现了现代人的关注焦点，即个人对世界施加自身意志的潜力和权力。希特勒和墨索里尼将更进一步，他们都把自己看作新世界秩序的缔造者。

即便在今天这个更为世俗化的时代，也存在着根植于"自我神圣化"概念之中的复兴之火。我们可以看到有人如神一般行事，他们会向内追寻神圣之光（真实的自我）。我们通常不会质疑这里潜在的假设，即人们通过彰显自身而变得神圣。大多数人会把这种在生活中所产生的力量冲击与活力十足、蓬勃向上之类的感受相关联。

《管子·内业》也提倡让人变得更有神性。它指出人可以并应该通过训练使自己具备神的品质，从而改变世界。但《管子·内业》的作者管仲避免把重点放在个人意志上，他没有把神灵定义为控制宇宙或将自己凌驾于他人之上的角色；相反，他把神灵描写成高度打磨了自身品性、魅力超凡、善解人意的存在，他们通过与万事万物的纯粹沟通来转变这个世界。

这是关于人类行为的另一种模式，它将引导我们以全新的方式思考人应该怎样活着。当我们把行动和能动性重新界定为从沟通而来（而非从支配而来），我们就会变得更有神性，并且充满活力。

活力产生的能量

我们可以通过深呼吸让自己感到更有活力。深呼吸现在已被纳入针对焦虑与压力的西式医学疗法之中，它其实是一种非常古老的方法。《管子·内业》教导我们，深呼吸不仅是简单的一呼一吸，我们吸入的实际上是能量，这些能量会帮助我们安抚内心、抚平负面情绪、放松身心。

请你在每时每刻感受舒缓的深呼吸所带来的那种能量，而不只是在瑜伽课上或冥想时才进行。如果我们经常这样做，就不会感到筋疲力尽或精力不足。

我们还可以通过锻炼增加活力。当你早晨出门跑步时，你就是在积攒能量。你当然会两腿发软、大汗淋漓，但你也很有可能会感到欣喜若狂——你体会到了那种"奔跑者的高潮"。从科学的角度来看，这是脑内啡引发的冲动，《管子·内业》则认为这是某种微妙的能量在你周身流转。当你体会到那种活力高涨的感觉时，你看待事物便会更加生动，感受事物会更加敏锐，你与这个世界的隔阂也会渐渐消除。

比较一下运动后的愉悦和工作上取得创造性突破的感觉，这种冲动和你跑步时的感受是一致的：它是一种涌动于全身的幸福感和生命力。想想在聆听音乐会或观赏体育比赛时，你与周围的陌生人之间那种不可思议的一致感，你能感受到人群的能量在你身上跃动，你完全被那种能量包裹起来。

所有这些都是能让你的活力感提高的能量。你脸色通红是因为你觉得更有活力，而非仅仅因为跑步；你心满意足是因为你觉得更有活力，而不仅仅是因为你想出了一个好点子；和朋友之间的一次令人满意的谈话不只让你感到沟通顺畅，它还会让你觉得更有活力。无论你正在进行的是生理的、心理的活动，还是社交活动，那种强烈的兴奋感以及和世界的一致感都是同一种感受。《管子·内业》认为，我们经历的一切都来自被称为"气"的能量，而其中最微妙的一种——给予我们愉悦和活力感受的那种，就是神性的能量。

由"气"构成的世界

> 凡物之精,此则为生。
> 下生五谷,上为列星。
> 流于天地之间,谓之鬼神;
> 藏于胸中,谓之圣人。
>
> ——《管子·内业》

关于神性能量的观念在古代并不罕见,实际上,这是一个泛欧亚的概念:在印度,有"普拉那"(prana)或呼吸的概念;在古希腊,有"普纽玛"(pneuma)或"生命之气息""灵魂""精神"的概念。这些词语描述的都是某种贯穿宇宙之中,用语言难以形容且目不可视的生命力量,而此力量也是生命本身的起源。

今天,许多人会怀疑活力感来源于神性能量的说法,但是"气"对于描述使我们感到更有活力的事物来说不失为一个有用的隐喻,即使不相信"气"真实存在,我们也能从这个隐喻中有所收获。我们要做的只是以一种"假想"的方式去设想这些能量：假如我们在"养气"，那么我们该如何行动、如何生活？假如我们这样做了，生活又会有何不同呢？

我们通常拥有一种二元的世界观：神与人相对，物质与精神相对，身与心相对，我们把这一切都视为彼此独立的。但是，《管子·内业》却拥有"一元"的世界观，它认为世界上和人体内的每一个元素都是由"气"这一种事物构成的。万事万物，无论是身、心、物质、精神，还是土地、动物、空气，全部都由这一种物质所构成。

尽管"气"出现于万事万物之中，它却分为无数的层级。岩石、泥、土地或宇宙中其他无生命的部分是由一种低级和粗糙的"气"构成的，我们可以称之为"浊气"。

当"气"变得更为精致时，它就成为所谓的"精"。"精"的特别之处在于它只存在于有生命的事物之中，它是使生命勃发的力量。

最终,当"气"达到它最精致、最微妙的状态时,它就成了神性的"气"。这种"气"充盈着能量,也会影响周围的事物。这种"气"就是精神本身。精神超越了让生命勃发的那种力量,它赋予生命以意识。

一株植物拥有可以让生命勃发的"气"或者"精",但它永远不会获得神性,永远不会拥有精神——它永远无法思考和把握世界,它仅仅是在世界中存在罢了。精神作为神性的"气",充满活力和生机。

那么人类是由哪种能量构成的呢?

人类是地之浊气与天之灵气的结合物。我们的身体所拥有的精致之"气"比较少,但同植物一样,我们活着,因而也拥有"精"。与植物不同的是,我们有意识,可以挪动物品,扔球或开门,甚至可以如同神灵般改变世界。

不受外界的干扰

> 中义守不忒，不以物乱官，不以官乱心。
>
> ——《管子·内业》

石头、植物拥有的能量是稳定的，而汇集在人类身上的复杂的能量集合却时常在变动。

随着时间流逝，我们可能会感到能量枯竭，更接近于大地；也可能会感到自我提升，更接近于神灵。

提升自我十分困难，因为我们每天都在做一些消耗自身精力的事：我们为选定家庭聚会地点而和家人争吵；因为日常通勤而筋疲力尽；因为临近截止日期而备感焦虑；嫉妒朋友，厌恶配偶，担忧未来。每当我们发现自己被负面或极端情绪所左右，我们就是在任由外部事物榨取自身的精力。每当我们艰难地完成日常工作，奔忙于琐碎的日常活动时，我们就等于在给自己"断电"。我们的精神逐渐枯竭，不良之"气"占领了我们，这让我们生活贫乏、缺乏平衡，最终筋疲力尽。我们逐渐丧失活力和对生活的热情。如果继续这样生活下去，精神就会在肉体结束之前崩溃。

之前，我们已经谈到过一些能帮助我们获得活力的日常活动，但这并不意味着我们一有空闲就会去跑步，或者找到朋友一起开心。每一天我们都承受着环境的冲击：和朋友共进午餐——我们感到高兴；在工作上被指责——我们感到郁闷；天气好时进行一次晨跑——我们感到欣喜；跑到最后扭伤了脚——我们感到崩溃。这一类积极和消极的情绪就是《管子·内业》中所说的会夺去、消耗我们的精神并令其枯竭之物。

我们当然都知道悲伤之事会触发消极情绪，使我们心力交瘁。任何一类触发感情之事（如眩晕、嫉妒或激动）都是外在的。发生在我们周围的事情来来回回地拉扯着我们的情绪，我们能感受到的活力不是固定不变的，存在于我们内心的稳定性让我们避免被那些注定到来的种种事件所伤害。

找到内心的平衡

不喜不怒,平正擅匈。

——《管子·内业》

《管子·内业》认为我们的经验世界是由许多分散的、通常较少产生相互作用的事物组合而成,这里包括我们之间脆弱而不完善的人际关系。它描述了一种潜在的"道",此道将万事万物联系起来,我们都应该走向这种道。世界上的种种分散之物之间的相互作用越充分、产生的共鸣越多,就越是接近于"道"。如果我们培养自己保持平衡的能力,我们就会接近"道"并且能增强自身的活力。我们的心性越是坚定,就越能培育并保持这种良善之"气"。

像我们讨论过的很多书一样,《管子·内业》自如地从对宏大观念的叙述过渡到了那些可能极其平庸的琐事之上。养气的必要媒介就是那些具体而日常的事务。既然我们的各个部分——身体和心灵都是由"气"组成的,那么修身就有助于养心,改善情绪也有助于改善身体状况。我们为改善局部状况所做的每一件事都会促使我们走向更加均衡稳固的状态。

因此,《管子·内业》多次劝告人们应切实注意身体的平正(站直并保持良好的站姿),这样"气"才能不受损伤地自由流动。《管子·内业》也建议我们定期练习深呼吸,让平正的气息充盈胸膛;还要规律且有节制地进食,以此来保证"气"能常在而不失。我们可能认为站直或是蜷缩在沙发上并没有什么要紧,也可能觉得有意识地调整呼吸或是几天不吃午饭这一类的事情都没什么大碍。平正身体其实就是在培育精神上的稳定感。

同时,我们也不应该过度关心某一方面的健康状况(比如,对绿色沙冰和素食十分着迷,但忽略了经常做深呼吸)。我们应该清楚要保持平衡,身体上的平正能促使我们接纳更为高级的"气"。

很多人以暂时逃离尘世的办法来寻求宁静平正,以避免那些会引起不良感受的各种复杂情况。因此，我们上班的间隙有茶歇，我们去看电影、度假、疗养，以此努力保持平衡。但是，当我们深深沉浸于尘世之中时，也可以体会到均衡与平正，调节自身冲动的欲望，谨慎对待伴随着过度的气愤或欢乐而来的情绪起伏。

很多人把寻求和谐视作一次性的，例如让持有不同意见的人达成共识。公元前4世纪的《五行》延展了《管子·内业》的论点，认为我们需要尽力维护持续的和谐。每个人都拥有五种德行：仁、义、礼、智、圣。每种德行都能帮助我们提高修养，但如果我们试图只培养其中一种德行而放弃其他，这就成问题了。比如过度地讲求仁义，我们很可能在一些情况下显得过于激动和感情用事；如果过分专注于礼节，我们可能显得太过彬彬有礼，与人疏离；如果过分专注于知识，又会变得太过教条；如果有太多的仪式，我们又会完全以规则为导向，丧失全局眼光。

因此，持续的自我修行才能让这些德行彼此相协相适。如果我们太过重视和同事之间保持距离，就应该放松下来，让自己表现得随和、热情一些。我们要让各种德行紧密联系且能灵活变化，正如它们所引起的种种情感倾向一样。只有通过不断地培养这些流动多变的部分，我们才可能达到一种更加稳定的状态，远离情绪波动，让"气"在体内自由流转。

善待世界

> 止怒莫若诗，去忧莫若乐。
>
> ——《管子·内业》

在古代中国，有一部被称为《诗经》的诗歌总集。这部诗歌经典成为当时博学之人知识体系的必要组成部分。人们背诵诗歌，以便在各种场合（春光流逝时、政治辩论中、新生爱情的欢乐场景、朋友故去的伤悲情境）引用。

这样做的重点不在于死记硬背，而是主动利用关于诗歌的知识和对当前情境的理解，以创造性的方式对它们进行再加工。正确地理解情境，再从文本中引用一行诗或是一个典故，就能在你自己和听众那里激起特定的情感回应，改变听众的情绪，用诗歌去影响听众，达到更好的效果。由此可见，诗歌成为另一种改善我们回应世界的重要方式。

音乐也可以起到类似的作用。古时的音乐通常有弹奏和表演两种呈现方式（类似西方的歌剧或音乐剧），并伴有故事叙述。人们自幼接触这些作品，以至于让自己的生活也染上了喜剧色彩，在行事时将某些特定的故事情节和人物作为样板。

音乐和诗歌对于一个博学之人来说十分重要，因为它们能激发人类的情感。

音乐和诗歌培养了"气"，因为人们借由它们感觉到自己与周围人共有的生活经验并产生联系及共鸣，由此顿悟和洞察人生的意义。

音乐、艺术,或是其他激发人类敬畏之心的事物都能改善"气",因为它们能够训练我们的感知力,让我们更深刻地回应周围的世界。当我们更加理解这个世界时,我们就会向自己可能感受到的一切敞开怀抱,同时也能更好地回应这一切。

听一首动人的乐曲有助于改善我们关于人类情感的经验,我们将体会到激发作曲家创作热情的所有生命体验,他的情感成了我们自己的一部分。我们理解了在不被感情来回拉扯的情况下去感受这些情绪的意义。当我们遇到失去亲人而绝望、走入人生新篇章的欢喜等情况时,如果我们聆听着打动过我们的音乐,我们就能做出更深刻的回应。音乐加深了我们与人类共同体的关联感。

诗歌和文学也以类似的方式发挥着作用,促使我们以更丰富的方式去回应世界。在诗歌里,词语以某种特定的节奏结合语境表达出来,特定的感情由此产生。在文学作品中,我们穿过时间的长河,体会到在现实生活中不可能感受到的各种人生经验。我们从中获得的知识提供了介入世界的不同方式,因为这些知识允许我们跨出个人生活,拥抱人类经验的洪流,我们将更好地了解并联想到整个人类世界的经验。

这些对于养气有什么帮助呢?我谈论的这些——音乐、诗歌、艺术、文学——都是由分散之物组成的:词语、注解、声音、韵律、色彩。我们越是沉浸于这些领域,就越能理解分散之物是如何彼此呼应的,正如"气"与"气"之间彼此呼应一样。这些领域显示出某种"气"总是与周围其他形式的"气"相互关联——它可能向更好的方向发展,也可能走得更糟。

对大多数人来说,结果可能是更糟。大部分人与他人的互动都停留在较低级的层面。例如,当我们心中充满愤怒和怨气,这也会引起他人类似的负面情绪。我们最差的情绪与别人最差的情绪相互激发,最终会引起一连串的消极事件。

设想一下,在停车场有人剐蹭了你的车,而此刻的你已经承受了一上午的工作压力,于是你冲对方大发脾气，对方也反过来指责你停车技术太差。这样的经历只会让你们两人都深感愤怒。但是，如果你不断提高自己的修养，就有助于你把事情向好的方面转化。你将会以宽容和理解来应对停车场事件，对方也很可能以歉意和礼貌回应，那么最终你们两人都会感受到善意而非怨气。这样，即便你们是两个孤立的个体，此刻却能以最好的方式相互亲近和彼此回应。

如神灵般汇聚精气

> 化不易气，变不易智，唯执一之君子能为此乎！
> ——《管子·内业》

当你不受外界风波的干扰，当你的感官已臻完善，当你的身体健康平正，你就获得了安定之心，这会让你这个人成为"精舍"，即精华、精神的储藏所。

定心在中,耳目聪明,四肢坚固,可以为精舍。

——《管子·内业》

"气"在人的内心被提炼、净化、集中,让人有如神灵一般,由最高等级的"气"构成,这种精气能带来充满活力、长久永恒的生命。

尼采曾经说过:"如果我们的感官足够敏锐,沉睡的山崖也将被感知为一片舞动的混沌。"我们将直视万物的核心,清楚地认识一切。尽管尼采将"神"视为带有权力意志的单一存在,这一说法却也暗示了神灵也可以从其他地方浮现。这是一种生存和影响世界的方式:它借由清晰透明的视野和与万事万物的关联显现,借由人的魅力而非人的支配力显现。

魅力超凡之人并非生来就具有变革的能力,但他们具备这样的潜能。当潜能被开发出来时,魅力超凡之人就能够通过其能量将他人吸引过来。当我们与一个充满积极能量、对生活充满激情的人相处时,我们无疑会被他吸引。他的能量可以传染周围的人，超凡的魅力源自精神。他活力四射，并能与周围的人形成共鸣，他精妙的"气"能激发出他人最好的一面。

不过，虽然《管子·内业》几乎都在谈论教化修养，但它所说的并不是自我修养。一个人富于魅力并非因为他有独特的迷人气质，而是因为能培养能量，是在"养气"。他富于魅力、充满活力，是因为他自身的精妙之气与周围的精妙之气相同。正是因为与周围的"气"产生了共鸣，他才有能力改变周围的事物。

我们同样可以通过养气来架构与周围人的关系网络。根据我们对周围人不同的激励方式，他们会向我们靠近，这样，我们和他人之间的关系就会不断加深。倘若我们遇到一位满怀嫉妒、怨恨、焦虑或悲伤之人，我们就有能力不去回应这些负面的能量，而是唤起他们内在的更积极的能量。《管子·内业》认为，万事万物之间这种高度活跃的关联性，就是"道"。

***

神性要依赖人们对世界的共鸣才能被激活,而非仅靠强加个人意志。神性意指清晰地观察事物,并做出完美的回应,与周围的一切产生共鸣。这种关于活力的概念能启发我们从一个充斥着离散之物、无穷矛盾的世界,走向一个更为和谐的世界。我们自身的"气"越是和谐,就越具备神性,即便是在这个混沌散乱的尘世。

孔子和孟子在思考人类怎样才能尽可能幸福地生活。《管子·内业》则告诉我们,我们拥有彼此相联系、激发共鸣的神性,而这就是幸福生活的方式。

现在,我们要了解另一位哲学家——庄子,他没有试图神化人性,而是要求我们超越人性本身。

第7章

论自发性：庄子与流动的世界

昔者庄周梦为胡蝶，栩栩然胡蝶也，自喻适志与！不知周也。俄然觉，则蘧蘧然周也。不知周之梦为胡蝶与，胡蝶之梦为周与？周与胡蝶，则必有分矣。此之谓"物化"。

——《庄子·齐物论》

在庄周梦蝶的故事里，公元前4世纪晚期的中国哲学家庄子希望打破我们通常看待世界的方式。我们都是一叶障目，无法完整地体验并参与到这个世界之中，而庄子认为最大的障碍就是人类自身视野的有限性：倘若你并不是一个人，而是一只梦见自己变成了人的蝴蝶呢？如果我们可以超越自己的人性，能够从所有视角去看待这个世界，那么我们就可以更充分、更自然地体验生命。

我们已经知道了充分而自然地体验世界的感受，当我们进行心流体验（flow）时就是这样。在心流体验的状态下，我们沉浸于某项活动的快乐之中——无论是踢足球、画画还是读书。但是，我们认为心流体验是有限的，仅仅发生于条件合适的某些特殊时刻。

在庄子眼中，如果我们可以从所有的视角去看待世界并理解"物化"的意义，我们就会对宇宙中的万事万物产生更深刻的认识。当我们开始打破感知现实的一般方式，我们就会理解在日常生活中的每一个时刻体验到的自发性的意义。

无尽的流动与变化

庄子和老子一样被视为道家哲学家,《庄子》一书被认为是庄子所著的道家教诲。但是,庄子本人拒绝依附于任何思想流派。人们之所以将两位哲学家归为一类,是因为他们对"道"的重要意义。

然而,"道"在每一位哲学家那里都有不同的含义。对庄子来说,"道"不意味着走向平静与静止,也不意味着绝对无差别的感知世界。不妨这样说,庄子的"道"讲的是在持续的流动与变化中拥抱一切。

《庄子》反复强调,世上的一切事物是如何在持续不断的运动、关联、流动与转换中转化的。这种变化与运动的过程每时每刻都在发生。

青草不断生长,但当它枯萎腐烂时,它的"气"就被传输到其他事物之中。草丛中的虫子被小鸟吃掉,小鸟转而又被更大的鸟或其他动物吃掉。这些更大的动物,一段时间后同样会死亡、腐烂,重归土地,转化为泥土、青草或其他元素。这里有一个永无止境的循环变化过程。

青草并没有计划死后变为他物,而转变的过程就这样发生了。四季并未计划流转,但变化也就顺理成章地发生了。

鸟因为天赋之羽翼而飞翔,它们依赖于变化的风力飞在空中,它们自然而然地遵从了"道"。

鱼会游泳,是因为有鳃和尾,它们借此根据水流而移动,它们同样自然而然地遵从了"道"。它们并不会停下来做这样的思考:"现在我应该向这边转弯了,因为水流朝向这边;现在我应该向那边去了,因为那里有块石头,所以我必须绕过去。"它们只是在不停地游。

庄子提到了一个词,"阴阳",也就是黑暗与光明、柔软与坚硬、弱点与优势。庄子强调,"道"是这些元素不断相互作用的过程,这两组元素看似对立,实际上则互相补充。它们必须不断流转,彼此平衡。在冬天,"阴"(也就是寒冷和黑暗)占了上风,但情况随后又会发生变化;在夏天,"阳"(也就是光和热的季节)到来了。

阴阳之间持续而必然的相互作用不仅仅带来了季节的变化，这种相互作用也塑造出贯穿宇宙的一切变化的模样。

非顺道而行

庄子说，在这个不断变化的世界上，只有一样东西不是自发地遵从"道"的，那就是我们自己：人类。实际上，我们倾己一生都在与流动和变化斗争：我们声称自己的见解是正确的，因为害怕改变而陷于一个毫无出路的工作。当我们这样做时，我们就在破坏阴阳之间的相互作用，这一切都是因为我们的思想。

我们应该怎样做呢？对一个人来说，自发地遵从"道"究竟意味着什么呢？

我们都听说过"自发性"这个词，也可能认为自己理解了这个词的含义。我们觉得预见性十分无聊，太多的规则让人窒息。我们钦佩自由的思考者，钦佩标新立异之人，钦佩年轻时就勇于创业的天才。我们把自发性等同于真实性、更多的幸福感和自我价值的实现。

你可能会这么想："好吧，我要自由自在地做一切我想做的事情。"你可以停下手头的事，你可以辞职，开始一场环球旅行。这难道不是自发性的吗？实际上，这并不是，在庄子看来，这些全不是。对他来说，自发性并不意味着随时去做自己想做的事情。

我们以为自发性是对欲望毫无限制的表达，但我们不可能永远沉醉于这样的生活之中。尽管我们偶尔会做滑翔运动、冲动购物、尝试一个新爱好，但最终并不会改变日常生活。

真正的自发性要求我们改变思考和行动的方式，将自己投入无限的流动与变化之中。

我们来看看庄子最著名的寓言之一：庖丁解牛。庖丁工作的第一步是拿起切肉刀剁向他面前的肉。起初，这工作很是乏味无聊，随着时间的推移，他就有了更多的经验。他注意到自己不是在对付一大块肉上不同的肌理和筋腱，而是可以找到每一块肉上的条条脉络。每一块肉都有一定的纹理和走向，找准这些地方下刀自然更为容易。庖丁以完美的节奏切肉，就好像在跳舞；在他的刀锋之下，肉被毫不费力地分开。

当庖丁这么做时，他不能借助分析去完成这项工作，因为每一块肉都是不同的。他必须重视"道也，进乎技矣"，他必须接近自己神圣的品质，这些品质使他能够与世界联结、产生恰切的共鸣。当这位屠夫运用自己的精神而非有意识的具体思想时，他就感受到了"道"。

> 良庖岁更刀，割也；族庖月更刀，折也。今臣之刀十九年矣，所解数千牛矣，而刀刃若新发于硎。彼节者有间，而刀刃者无厚；以无厚入有间，恢恢乎其于游刃必有余地矣。是以十九年而刀刃若新发于硎。
>
> ——《庄子·养生主》

庖丁认识到了真正的自发性。请注意，庖丁不是通过扔下厨刀、去街头跳舞这种方式而获得自发性，他也不是在工作日切肉而在周末自由狂欢。他获得这种自发性乃是通过兢兢业业地工作，日复一日，直到他可以行云流水一般完成这一过程。同时，庖丁并不消极。他顺应天道而为。如此一来，他从构成日常生活的工作中获得了满足感与自发性。

这个故事的结尾是，一位君主（梁惠王）在观看了庖丁解牛之后说：

善哉！吾闻庖丁之言，得养生焉。

顺道而行

一位经验丰富的厨师可以在没有菜谱的情况下做出精致的菜肴，只要他运用自己的经验和曾经受到过的训练，就能精确判断一道好菜需要放多少盐或胡椒，或是做出一份奶油意大利饭需要烹调多长时间。这就是"真正的自发性"。一位资深教师能判断出课堂气氛走向失控的时刻，他会尽其所能让学生们迅速重回冷静的学习状态，多年的教学经验培养了他在正确时刻以正确方式进行自发性回应的能力。

我们知道，任何复杂的技能——无论是进行一项运动、运用一门外语、演奏一件乐器或是开车，都需要一段初始的、刻意的训练。如果你学过弹钢琴，你可能还记得刚开始的时候有多困难，手指在键盘上多么笨拙，手指与音符是多么难以相对应，双手上下跃动时还要单独移动手指是多么艰难。事实上，这时候如果由着你的"自发性"在琴键上乱敲，对于听众来说一定也是痛苦的经历。

但是经过练习后，渐渐地，你找到了感觉，能够将音符聚合成连贯的旋律。很快你可以双手并用，弹奏和弦、琶音，处理更难的乐谱，这时，弹琴的乐趣才显现出来。你可以凭记忆弹奏曲子，甚至可以即兴创作新曲子。坐在钢琴前对你而言变成了一件乐事，因为通过弹奏你感受到了活力与激情。当你自由、自发地演奏时,你就在遵循着"道"前行。

想想看,音乐会上的钢琴家是如何将音乐与观众相结合的。钢琴家精确地察觉到他弹奏的旋律在他自己、观众和音乐之间形成了共鸣。他具有凭借高超的技巧去感受和回应世界的能力,他在循"道"而行。有意识的训练是使钢琴家获得愉悦的自由途径,这样的训练也能让我们顺利开车通过拥堵的路段,让我们击球过网,让我们完成出色的工作报告。它们都是"真正的自发性"。

重要的是我们应把庄子的教诲铭记于心,我们不仅要成为行业内的专业高手,我们还要改变整体的生活方式。钢琴家不仅仅训练自己学会了弹钢琴,他还训练出了自己生存于世的整体方式。

想象力与创造性

我们通常会把"通过训练而掌握"这一行为局限于

需要努力打磨的特殊技能上。如果我们花费大量时间去掌握钢琴或精通网球,这些怎么能帮助你"训练自己生存于世的整体方式"呢?

我们需要认识到,训练不仅针对一些唾手可得的技能,而且包括去打破甚至连我们自己都未曾意识到的狭隘视野。当我们这么做时,我们会进入一种能够产生真正的想象力与创造力的状态。在庄子看来,想象力与创造力直接源自一种持续的自如流动的状态。

庄子认为,创造力来源于超越孤立而伟大的"自我"局限,并将自我向更广袤的宇宙敞开之时。每一位受人尊敬的创造者——莎士比亚、毕加索、乔布斯,其灵感都来自向世界、向无尽的好奇心敞开了自我。他们拥抱的是人类创造力的激流,也就是庄子所说的"道"。

"真正的自发性"意味着让自己从明显局限于孤立"自我"的意识中解脱出来。我们自己的思想会阻挡我们,使我们与"道"相对抗。当然,我们在生活中还是能体会到循"道"而行的感觉。想象你与好朋友聚会的场景,你们整个晚上都在轻松愉快地交谈着,你不用对自己说:"好吧,现在我应该开个玩笑,5分钟后我得给大家讲一个在假期里发生的故事。"再来想象一场篮球赛,比赛中你不会下意识地考虑自己该做什么,比如往哪个方向转身45度、准确站在距离球网约1米的地方。相反,你一直跟随着你对于整场比赛的宏观感受,这种对于全局的宏观感受是你超凡技术的源泉。

《庄子》让我们进入了一个广阔的寓言世界,我们的想象力由此打开。《庄子》中充满了狂野的、非现实的故事,蕴含着流动与变幻。《庄子》有意从与众不同的视角,让我们在与它相遇的瞬间对现实产生全然一新的看法。

通过庄周梦蝶这个故事,庄子提出了一个假设性的问题:假设我是一只梦见自己变成了人的蝴蝶,我会如何看待这个世界?在这个瞬间我们进入了另一个世界。我们脱离现实,进入了新的世界,我们增强了自己在最宽泛的意义上去设想"假设性可能"的能力。整个宇宙向我们打开了,在这里,每一样事物都在向着其他事物流转变化。

这里没有任何局限。庄子并没有告诉我们在获得了这种新视野之后应该怎么做,关键在于我们对旧视野的超越。

真正的想象力与创造力并非来源于脱离常规的思考或自我放纵。只要我们把整个世界看作一个开放的、广阔的空间,不断培养自己超越个人经验的能力,那么所有时刻都可以是具有创造力和自发性的。

培育拓展性

我们在参观博物馆时,可以请一位导游型的讲解员,通过他的专业视野来帮助我们体验馆藏文物。他会指出一幅作品里反复出现的主题或是创作者对某种色彩的个性化运用,这都是我们自己看展览时可能忽略的地方。如果我们愿意,我们可以投入到一些兴趣爱好中,比如酿酒、足球、摄影,这些都将提升我们的鉴赏力。当我们了解这些知识时,我们对世界的经验就扩展了。

19世纪的法国诗人夏尔·皮埃尔·波德莱尔提出了"漫游者"这个概念。"漫游者"在城市的大街小巷闲逛,并以极大的开放性观察接纳他所看到的一切。如果你和一个蹒跚学步的小孩、一只小狗或是和你的祖母一起散步,你可能会注意到他们对散步的体验会与你的非常不同。小孩会停下来全神贯注地看路上的一块石头或小虫子;小狗则调整自己,进入了一个全面而不断变动着的嗅觉世界;你的祖母可能是一位热心的园丁,她会告诉你她看到的每一朵花和每一棵树的名字。和拥有不同视野的人一起散步能够让你跨出通常的模式,你不仅能以不同的眼光打量这个世界,还会在观察中带着不可思议的开放性,让一次随意的散步变得充满动人的深度和新鲜感。你将以不同的方式理解周围的事物,你看到了新的维度。

我们总是根据习惯性的观察模式来聚焦周围的事物。在上班途中,我们可能更留意车里的广播、路口的出口指示牌、停车场的入口，却错过了路边的风景。在去健身房的路上，我们可能一直想着要完成的训练，以至于忽视了路边饭店飘散出的美妙香味。我们的习惯限制了我们的观察、感受和理解的深度。

但是，我们可以对这种自我限制的倾向有更清醒的认识。通过别人的眼睛来看世界有助于我们打破思维的藩篱，以最丰富的方式去体验生活中最平凡的一面。如果我们和一位美食家朋友结伴去超市采购，他会思索能用看到的原料做出什么美味，那么超市对他来说也充满了活力。

同能够增强我们个人体验的朋友一道行动时，我们便有机会从更广泛的角度观察这个世界。一旦我们理解了这一点，即使在独处时我们也可以养成对世界细致入微的鉴赏力。我们可以不断地问自己："别人将怎么看待这个世界？"同时意识到每个人对世界的看法都是不同的。正如庄子所说，让人们以新鲜感和热情来体验自身生命，这是观察事物的不同方式，也是视角上的转变。

转变视角

> 劳神明为一,而不知其同也,谓之"朝三"。何谓"朝三"?狙公赋芧,曰:"朝三而暮四。"众狙皆怒。曰:"然则朝四而暮三。"众狙皆悦。名实未亏,而喜怒为用,亦因是也。是以圣人和之以是非,而休乎天钧,是之谓两行。
>
> ——《庄子·齐物论》

读罢上述的论断,你已经理解了,我们的思想是如何因一些武断、分散而无用的分类法阻碍了正确的认知。以上的例子表明,"朝三暮四"或"暮三朝四"在整体上全无差别,关键在于我们如何看待它们。

视角的彻底转变能够让我们以《庄子》倡导的方式观察世界,这就是为什么《庄子》常常会颠覆人们传统的认知。《庄子》中有一个故事讲述了一位处境悲惨的残疾人,他乞讨度日,看起来十分可怜。但当他周围的健康的年轻人都被征召入伍参战时,他却因残疾而保全了性命。所以谁能说他不幸运呢?

我们的意识总倾向于接受"应该怎么样"或"怎样看起来是对的"。我们自认为知道什么是美,什么是大,什么是善良,什么是有用。然而,我们真的明白我们所依赖的这些词语和价值观实际上是多么随意而武断吗?

> 民湿寝则腰疾偏死,鳅然乎哉?木处则惴栗恂惧,猿猴然乎哉?三者孰知正处?民食刍豢,麋鹿食荐,蝍蛆甘带,鸱鸦耆鼠,四者孰知正味?猿,猵狙以为雌,麋与鹿交,鳅与鱼游。毛嫱、丽姬,人之所美也;鱼见之深入,鸟见之高飞,麋鹿见之决骤。四者孰知天下之正色哉?
>
> ——《庄子·齐物论》

问题在于,我们把自己的视野假定为一切生物普遍采用的,因而封闭了自己的思想,创造出僵硬死板的"区别"以及过于稳定的范畴和价值观念。

假设有一个技艺高超的强盗,他可以不留痕迹地撬锁开门,悄无声息地潜入银行抢劫,然后溜之大吉。如果庄子否认清晰的道德范畴,那么他依据什么来说这是错的呢?(话说回来,难道这个强盗不是"真正的自发性"的绝佳例证吗?)

庄子会辩解,首先是分别之心导致了这种情况的发生。如果你真的遵循"道"来进行自我修养,那么你不会去做强盗,你也不会杀人。强盗从一开始就在考虑"区别":他考虑的是"我的东西,他们的东西,我想要这个,我要得到那个"。杀人之人打破了事物变化的自由流转状态,因为他永远地终结了一个生命。对庄子来说,反对偷盗、杀人,并非因为这些行为是不道德的,而是因为这些行为是由"分别之心"产生的。

庄子给出的例子涵盖了世间万物,但所有的例子都离不开生活本身。你可以敞开自我,不将熨衣服看作无聊的家务,而将它当作培养"真正的自发性"的锻炼;

不将感冒看作痛苦的折磨，而将它当作蜷在床上看小说的好机会；不将取消婚约看作心碎之事，而将它当作开启崭新未来的契机。

设想一下这样的生活：无论大事小事都不会再干扰我们，它们反而成为生活中令人兴奋的一部分，成为我们拥抱的对象和点燃我们的激情之物。从全面的视角去观察事物，就能够理解所发生的一切事件都是流转过程的一部分。转换视角之后，我们将会成为"真人"，能够"入水不濡，入火不热"（入水但不觉沾湿身体，入火海但不觉得炽热）。

最终的区别

如果真的能够从不受限制的视角来看待万事万物，我们就会赞美生活的所有层面，包括死亡——死亡不过是"道"无限循环的一部分罢了。

庄子理解人类对死亡的恐惧，他知道作为感情动物的人类害怕生命的终结。但是庄子认为，若这样看待死亡是一个错误的分别之心。

你就是你，一个正在读这本书的人，你不是面前的桌子，也不是你坐着的椅子。但这样的差别只是暂时性的，当你到了以一种死板的方式看待自身的程度，你就相当于把自己从世界的一部分中分离出来。你死去后，只不过是再次回归自然界，成为其中一部分，这没有什么可怕的。

> 庄子妻死，惠子吊之，庄子则方箕踞鼓盆而歌。
> 惠子曰："与人居，长子、老、身死，不哭，亦足矣，又鼓盆而歌，不亦甚乎！"
> 庄子曰："不然。是其始死也，我独何能无概然！察其始而本无生，非徒无生也而本无形，非徒无形也而本无气。杂乎芒芴之间，变而有气，气变而有形，形变而有生，今又变而之死，是相与为春秋冬夏四时行也。人且偃然寝于巨室，而我噭噭然

随而哭之，自以为不通乎命，故止也。"

——《庄子·至乐》

庄子并没有说死亡是一件值得期盼或应当尽快完成的事；相反，他认为生命应该延展到极致。庄子也没有说他的妻子死去时他不悲伤，他的悲伤也是自然而来的。有人死去时我们悲伤痛苦，因为我们深爱且思念逝去之人。

但是，当我们从尽可能更宽广的视野去看待死亡时，我们就会像庄子一样意识到人类的肉体只是构成"道"的种种变化中那美妙而短暂的一瞬。我们理解了一个人过去是"道"的一部分，死后仍是"道"的一部分——他死后将会成为青草树木的一部分，成为天空中翱翔的飞鸟。如果我们能理解自身一直是宇宙流动变化的一部分且将永恒如此，我们就不再害怕死亡，我们可以自由地拥抱整个生命，远离那个限制我们对世界充分体验的"最终的分别之心"。

阅读《庄子》，我们要让自己从有限而单一的人类视角中解放出来，从一个更广泛的视角去观察世界，从他人的视角去理解世界。如果你是女性，请将自己想象为一位男性去观察世界；如果你还年轻，请想象从一个老人的角度看世界；如果你是一位富有的律师，请设想一位贫穷的艺术家眼中的世界。请想象你的盟友、你的敌人眼中的世界。向所有可能的视角开放，我们才能开始理解事物的无尽变化。

这就是庄子提出的观点：无限的视野和真正的自发性。只有人类才能进入无穷的虚拟世界中，从他人的视角去看待世界。我们应该不断让自己对一切事物保持开放性，自然而然循"道"而行，成为万物流转中的一部分。

第 8 章

论人性：
荀子与被治理的世界

我们常常听说接纳自我是个人成长的关键——爱自己，与当下的自己和睦相处。这些想法不仅能让我们接受自己，而且能接受自己目前的生活，从而获得平静。

但是有一位哲学家对这种层面的接纳自我深表担心，他就是荀子，大约在公元前313年出生的一位儒家学者。荀子认为"人之性恶"，我们永远不该满足地接受我们认为是理所当然的东西。

是的，我们都应该见义勇为，但荀子希望我们不要忘了在日常生活中那些利他性较小的冲动，而且那些最卑劣的欲望也是我们天然的一部分。

堵车的时候，若是旁边的司机按喇叭催促，我们会瞬间暴怒；我们也会对一位朋友的不幸遭遇说三道四，把他的秘密散播出去；我们会为了别人的一句负面评价而忧虑数日；我们会在网上疯狂购物来化解焦虑。设想一下，如果我们任由自己卑劣的、未驯服的一面不断出现，如果我们接受每时每刻"真实的"自己，情况又会怎么样呢？如荀子所说：

> 人之性恶，其善者伪也。
> 今人之性，生而有好利焉，……生而有疾恶焉，……然则从人之性，顺人之情，必出于争夺，合于犯分乱理而归于暴。
>
> ——《荀子·性恶》

对荀子来说，"自然的就是好的"是一个危险的观念，这里他不仅指人的自然本性,同时也指向了我们对整个世界的设想。

君子理天地

我们来一起读读下面这个传说,它很像荀子所讲述的那些假想的故事:

> 远古时,人们不知道何时会下雨。天气时冷时热。当天气寒冷时,没有衣服穿的人就会被冻死。不下雨时,植物无法生长;下雨时,植物生长,人类得以进食。但有些植物有毒,会导致人类生病。
>
> 渐渐地,人们领会到这类事情并不是随意发生的。人们开始明白,天何时会下雨、何时不会;何时寒冷、何时温暖。人们开始认识到哪些植物能吃、哪些有毒。人们开始栽培植物。人们根据天气变化和四季交替来种植作物。随着人们开荒耕种,这一

过程不断推进。人们还会驯化动物来帮助耕种,同时驱逐那些无法被驯服的动物。

最终,原来看起来完全不可预测的杂乱的自然现象——随机而至的风雨寒暑、食物或毒物——被转化为一个和谐的系统。地上生长的作物与更广大的天道相合,但这一切并非自然而至,而是人类驯服了自然。人类使得杂乱无章的现象变得和谐。

这段关于农业起源的故事令人想到,这个世界是由人类建造的,人类从自然中取得基本要素并重建它们,对它们进行再加工,驯服它们服务于人类的需求。

换句话说,是人类治理了这个世界。荀子提醒我们,我们生于这个世界,我们所看到的世界秩序是由人类缔造的:

> 故天地生君子,君子理天地。君子者,天地之参也,万物之揔也,民之父母也。无君子则天地不理。
>
> ——《荀子·王制》

荀子认为,任何忠于自然(无论是人的本性还是外在的自然)、"按照原样"接受世界的做法,都有其内在的局限性和危害性。他启发我们思考,倘若我们把世界看作自己的创造物,我们的生活会有何不同。如果是我们自己创造了现在所体验到的这个世界,那么我们就不该询问如何在世上找到自己合适的位置,而应该想想我们是否在建造一个更美好的世界。

荀子的时代

荀子是战国末期受人尊敬的老师和大儒,可以说他的思想理论综合了此前所有中国思想家的成果,因此我们可以通过了解他的哲学思想,开启对中国哲学的探索之路。荀子所处的战国末期的时代环境在很大程度上塑造了他的思想。在荀子的时代,很多国家已经实现军事化,有称霸天下的实力。无论哪个国家取胜,都会带来一个新世界,而孟子的思想在这样的新世界中并不适用。

新的政治气候影响了当时的知识界。荀子和一批思想家目睹了时代的混乱无序,他们不仅要寻找化解混乱政治局势的出路,还希望将不同的哲学思想脉络整合成一个有连续性的整体。荀子说人类治理了世界,他也将以往三个世纪中出现的那些著名的思想理论进行了整理和归类。

荀子认为,每位思想家都有其盲点,还没有人能统揽全局。

除了孔子,的确没有人能统揽全局。荀子相信只有孔子理解了最重要、最基础的成功实践:通过礼仪的训练可以使你成为一个更好的人。

但荀子对于礼仪有着不同的看法,孔子认为礼仪的作用是不断建构出微小的"假想"时刻,从而创建人际关系的秩序。荀子扩大了这个观念,他认为,我们不仅能创造许多微小的"假想"时刻,我们还可以创造更广阔的"假想"世界。荀子相信,只有当我们承认礼仪是一种人为手段时,礼仪才有助于转变人性。荀子告诫我们,要把对人为手段的认识普遍地应用于整个世界。

"人为"的重要性

荀子在他的作品中提出了一个著名的比喻——把人性比作弯曲的木材，对此必须以外力强制性地拉直。与其他人性论点（如康德在几个世纪后提出的"人类这根曲木造不出任何笔直的东西"。）不同的是，荀子相信，曲木般的人性是可以被拉直的，并且需要"人为的技巧和手段"，而礼仪也就由此诞生。

但是，这种人为的技巧必须被善加利用。我们不信任那些看起来虚伪做作的人，但是荀子提醒我们，每个人的形象都是建构出来的，即便我们认为自己十分自然、真实，每个人的形象都是自己选择的结果，其实这也是一种人为的行为。在荀子看来，"伪"是一件好事——只要我们清楚自己正在进行"人为"努力。

人为的努力能帮助我们规范自发的本性和难以控制的情感。一个学步期的小孩会在累了、饿了、拿不到喜欢的玩具时大声哭闹，但是成年人相对而言能够更好地控制自己。当你前一晚没睡好,又处于饥饿中,收拾东西准备下班时,如果有同事让你拿出 10 分钟来解决一个问题,你有可能会愤怒地把咖啡杯扔向他,大喊道:"绝对不行!"但你更有可能会伪装自己,告诉对方:"当然有时间了,这是我的荣幸。"而且,当你帮他解决问题时,你有可能发现自己很享受与他的互动,进而忘了自己的疲惫和饥饿。最后,你比原计划晚了 15 分钟下班,但比起屈服于所谓的自然和真实的自我,你的精神状态反而更好了。

> 生之所以然者谓之性。性之和所生,精合感应,不事而自然谓之性。性之好、恶、喜、怒、哀、乐谓之情。情然而心为之择谓之虑。心虑而能为之动谓之伪。
>
> ——《荀子·正名》

在荀子看来,我们应该有意地改造自己的天性,克制我们的情感与冲动。借助于像礼仪这样人为的机制,我们可以管制自己的天性,正如农耕改造了我们周围的世界一样。我们可以控制自己的冲动,不像小孩子那样随便发脾气,这有助于塑造我们回应外界的方式。

但是这里有一个悖论:如果圣人也是本性为恶的人,他们最初是怎么想到创建礼仪这一点的呢?他们怎么能超越有负面影响的人性冲动的烦恼,有意识地让自己做得更好呢?

荀子让我们想象圣人是如何构想出他们的创见的,他将这种创见与制作陶器相类比。

> 凡礼义者,是生于圣人之伪,非故生于人之性也。故陶人埏埴而为器,然则器生于工人之伪,非故生于人之性也。……圣人积思虑、习伪故,以生礼义而起法度。
>
> ——《荀子·性恶》

荀子实际上是在把人类社会的创建过程与如何制作

一只陶壶这样乏味而渐进的过程做比较。他提醒我们，礼仪的观念并不是偶然出现的意外事件，它是有意的、创造性的结果。圣人制礼就好像工匠制作陶壶一样。工匠加工泥土，想象着陶器的形状。圣人努力改造本性，打磨自己的感受力，观察怎样转变人们的交际关系，怎样可以帮助人们生活得更好。一段时间之后，圣人就像工匠懂得如何制作陶壶一样，也懂得如何规制礼仪了。对荀子来说，人类文化和社会礼仪的出现并非来源于某一次巨大的创新，而是通过经验逐渐产生的。

> 性者，本始材朴也；伪者，文理隆盛也。无性则伪之无所加，无伪则性不能自美。性伪合，然后圣人之名一，天下之功于是就也。
>
> ——《荀子·礼论》

荀子认为，人类的天性若在人为的约束之下，将被提升到令人不可思议的高度。

自然的危险性

> 假舆马者,非利足也,而致千里;假舟楫者,非能水也,而绝江河。君子生非异也,善假于物也。
>
> ——《荀子·劝学》

很多人担心人类的"进步"对地球和气候的影响。人们对基因工程中的农作物和干细胞研究的争议不断,为塑料包装中的毒素和加氟水的使用焦虑不安。我们看到,今天很多孩子沉迷于电子游戏,不禁好奇那种在户外玩耍的童年到哪儿去了。许多人以自然的浪漫化来应对突然而至的技术进步,他们希望可以回到人类的行动尚未把一切弄糟的时代。但是,自然的就一定是最好的吗?

荀子并不这么认为。在他的时代,人们同样有对自然世界的渴望,但荀子谈到了很多盲目敬畏自然会带来的危险。

荀子认为,人们能够创造出一个人为的、建构的世界是一件好事，毕竟自然状态下的世界充满了斗争。鸟飞鱼游，这些行为确实都遵循于"道"，鲑鱼会逆流而上回到出生地产卵，猛禽会猛烈地冲向受惊的小动物，它们都是自发地依照自然来生活的。但是，人类社群中充满了无尽的自发性与无尽的斗争，人类是唯一可以创造世界的生物，我们可以转变自我，超越这种自然状态，我们能够创造出道德、礼仪和各种新事物。

"世界应该是自然的"这一想法的危险性在于，它会阻止我们承认自身所能创造出的一切，否认我们对周围世界的责任。荀子希望我们利用思想去改进自然的自我、改进自然的世界，最终成就一个更美好的世界。

还记得庄子笔下庖丁解牛的故事吗？庖丁能够感知到肉的肌理，他的刀在肉间自由移动，再也用不到磨刀石了。庄子认为这些纹理自然存在，而荀子则质疑庖丁解牛的故事完全是非自然的。荀子会让我们记住，庖丁所用的牛肉来源于人工饲养的牛，他的刀也是由人工制作，庖丁以屠夫为业本身就是一种人为创造，职业本就是人类的发明，整个事件都是构建出的人类社会的一部分。这里出现的"纹理"是人类干预的结果，这才是我们应该注意的地方，我们驯服、组织、治理自然，怎么做完全取决于我们自己。

没有什么是自然的

关于人类文明的起源，荀子提醒我们，人类的事业建立于所谓的"自然"之上，并将自然改造得远胜以往。

在远古时代，人们因为没有衣服而冻死，因为没有安家之处而住在洞穴里和树上，他们不得不四处搜寻食物，偶尔能找到浆果，但也可能被毒果毒死。通过对自然界的治理，人类走出了这样的时代，我们驯化了自然世界并将它转变得适宜于人类社会繁荣发展。

当然，人类干预也可能产生很多危险的衍生物。但荀子鼓励人们意识到我们虽然创造了这个生活的世界，但也犯了一些错误，因此我们要改正错误，更好地干预、创新及创造。

例如，我们在谈到分娩时经常使用"自然"一词，支持者通常会说自然分娩是顺产：不用药、不干预，甚至不进医院。据说这是医学干预出现之前妇女的生产方式，似乎"自然"的方式对母亲和孩子都好。

但实际上，现代社会所谓的自然分娩过程本身就充满了人为干预，其中最具革命性的一项措施就是助产士在工作前洗手消毒。产妇的产后死亡率曾经居高不下，一个主要原因是糟糕的卫生条件所引发的产褥热。19世纪中叶，一位名叫伊格纳茨·泽梅尔魏斯的匈牙利医生发现产妇在医院生产的死亡率高于在家生产，在家中外部细菌反而更少。为调查其中的原因，这位医生着手进行了一次大规模的研究，其结论是用抗菌剂洗手就能大幅度降低死亡率。这一结论受到了人们的嘲笑，一位医生回应说："医生都是绅士，绅士的双手总是干净的。"虽然泽梅尔魏斯所在的医院采纳了他的建议，将产妇的死亡率降低了90%，但他的建议在大部分地区还是不受重视。

泽梅尔魏斯被批评和不信任摧毁,他于47岁时死在一家庇护所里。几十年后,法国微生物学家路易·巴斯德证明了细菌的存在,医生才开始把洗手消毒作为接生前的一项例行工作。

在今天,医护人员洗手消毒被认为是非常自然并且是术前必须要做的事,但这其实是花了几十年时间才被固定下来的一种创造性的人类干预手段。任何革新创造都会带来需要解决的新问题,但荀子会提醒我们,我们可以凭借已有的创新,用新方法去处理进步造成的问题。

这里还有另一个例子。人们因转基因食品日渐增多而担忧,甚至要求转基因食品必须被注明。实际上,今天我们消费的大多数食品都是在过去几千年中被改造的结果。当今的转基因技术只不过是允许我们比过去更快地改造农作物而已。

当然不是所有转基因食品都被恰当地改造了,但按荀子的哲学思想来看,我们不应该以"自然"来评估食物,真正的问题是:在这件事上我们是否明智且正确地使用了人工技术？

对于自然世界的渴望也体现在关于亚马孙热带雨林的讨论中。事实上，考古学研究已经毫无争议地表明亚马孙热带雨林的大部分区域本身就是被土著民族改造过的产物，保持原样并不能使雨林重返自然状态，而是保存了一种人类改造自然的不同类型。关于保护热带雨林的争论意义重大且有深远的影响，如果我们不再考虑什么是"自然"的，这一争论将更富有成效。

我们已经创造了目前人类生活的世界，我们还可以选择让它朝不同的方向前进。对于保护亚马孙热带雨林、克隆技术或转基因食品这些话题，如果争论仅限于自然与人为的对立，就很难产生明智的讨论结果。这类误导性的争论将阻碍我们直面眼下真正的问题。如果我们盲目崇尚自然，就等于放弃了人类改造世界的能力。

如果看不到人类操控世界的积极一面，面对环境保护这类敏感议题时我们就会束手无策、盲目短视。我们应该想一想：在这些方面我们做得怎么样？如果效果不好，我们应采取什么措施?

有人喜欢将自然浪漫化,但也有人崇拜科技,认为更新、更大就一定更好。用荀子的观点来看,这两派——将技术浪漫化或妖魔化都不正确。重要的不是进行无止境的技术创新,而是在具体情况中,我们要用技术创新来做什么,我们如何依靠技术谋求变化。

我们创造出了一个人为的、被建构的世界,这个世界充满了难以计数的重大问题,但这并不意味着我们应该放弃改善世界的能力;相反,只有理解了我们已经完成了什么,才能明确知道由此为起点该向哪里去。

改变世界

> 水火有气而无生,草木有生而无知,禽兽有知而无义,人有气、有生、有知,亦且有义,故最为天下贵也。
>
> ——《荀子·王制》

荀子相信，人类拥有超乎寻常的能力，可以为自己创造幸福的生活。

这一说法建立在荀子之前的许多思想家的观点的基础上，同时荀子的观点也反映了他所生活的动荡时代的面貌——此时，许多强大的国家已经建立了庞大的官僚机构，各方力量正在以前所未有的发展势头准备建立一个将一统天下的新王朝。

许多人呼吁削弱战国群雄的势力，向更有道德的时代回归。但荀子眼中不存在所谓的退回过去，新出现的王朝势必与先前不同。对荀子来说，前进的道路不在于抵制这些强大的国家体系——尽管它们自有其混乱的一面；人们需要处理已存在的状况，需要学习正确地利用新的体系，重新整合现有体系去创造一个允许社会阶层流动的国家，创造一个由有教养的精英阶层来统治的世界。在荀子那里，建造这样一个贤能社会就意味着人类以最明智的方式治理他们生活的世界。

荀子赞同老子关于创造世界的观点，但他发现创造

"看似自然的世界"是极其危险的。设想有一位受人崇拜的领袖,他以灾难性的愿景来哄骗他的追随者,他创造出一个看似自然的世界,但最终这个世界仍会走向非人道的毁灭。

荀子也理解《管子·内业》对教养的强调,但是他认为,我们不应渴望成为一位与万物产生共鸣的神灵,而应该专注于凌乱庞杂的人类事务本身。

在广义的历史层面,荀子完成了在他之前两个多世纪的思想的汇总。而在现实生活中,我们也能够做类似的事情:有时老子的哲学会帮助我们解决生活中遇到的问题,而有时又能从庄子或孔子的思想中吸取智慧。我们可以发掘中国古代思想家的思想精华,也能够看清其中存在的局限性。

我们一直在塑造自己,塑造这个世界,我们和我们生活的世界都是人为的产物。只有自我修养才能让我们超越对自身的认知,同时保存完整的人性。一旦理解了怎样明智地进行创造,我们就可以对眼前所有的可能性保持开放的态度。一旦我们承认自己已经塑造了周围的环境，我们就可以扮演好自身作为唯一能赋予世界框架与秩序的角色。外在自然与内在自然一样，都需要被加工、被改变、被改造得更加美好。我们已经创造了这个世界，因此，我们也可以改变这个世界。

第 9 章

我们的潜力

子曰:"吾十有五而志于学,三十而立,四十而不惑,五十而知天命,六十而耳顺,七十而从心所欲,不逾矩。"

——《论语·为政》

在本书开头,我们提出了一些掷地有声的主张——每个人都有对于"我们是谁""我们的社会如何运作""我们在世界历史中的地位如何"等问题的设想。我们还指出，这类设想中有许多都是完全错误的——不仅在经验上是错误的，而且十分危险。如果按照这些设想生活，我们的经验和潜力都会大大受限。

有一种说法近来得到了公认：人们已经脱离了过去压抑的传统世界，生活在一个现代的世界，过上了自由的生活。这种主流观点是如此普遍而有力，以至于随着时间的流逝，我们已经相信它是绝对真实和自然的了。这种说法不知不觉地影响了我们的思想和行动。

传统社会预设人们面对的是一个稳定的自我和固定的、内在一致的世界。在这个世界里，个人因为无条件地遵循更宏观的社会规范而得以发展，仅存在最低限度的社会流动，人们抱有狭隘的世界观并与其他思想隔绝。

如果这真的是我们对于传统的定义，我们其实就是在接受一种传统的世界观，并返回了传统社会。无论是在个人层面（我们把自己限制于一定的交流模式、限制自身关于未来的决定），还是在社会层面（财富聚集于少数精英手中、社会流动性大大降低），我们都在稳步退回到传统世界中。

关于传统和未来的观念让我们把传统世界和现代世界看作对立的两极,但是,还有一种完全不同地看待世界的标准,即稳定、确定、真实的与断裂、碎片化、凌乱的世界的尖锐对立,而其中后一种才是本书谈论的这些中国哲学家眼中的世界。

本书所探究的中国哲学思想能够让我们摆脱已有社会的限制,打破对于"我是谁""我生活的世界是怎样的"之类主题的设想。打破眼前阻碍的办法就是关注复杂与破裂,只有向那些最新的、具有挑战性的观念敞开怀抱,我们才能摆脱传统世界,并真正实现国际化。

我们是如何陷入"传统"的

我们已经了解了"轴心时代",在这一时期,欧亚大陆上的宗教与政治实验不断涌现,蓬勃发展,新政治体制与过去的贵族政治完全决裂。但是接下来,这些宗教与政治实验终结了（至少是在欧亚大陆的部分地区）。

在欧亚大陆西部，罗马帝国衰落后，欧洲复归于贵族统治。几个世纪之后，人们发现欧洲重新进入了传统世界——一个社会地位和政治权力完全由出身所决定的世界，这就是直到19世纪才被最终推翻的世袭社会。

世袭社会建构的世界在政治上是四分五裂的。贵族成员分别控制自己的领地，每块领地的统治者依据个人愿望来建立风俗和法规，彼此之间并不一致。当时，并不存在一个能够建立综合性法律的主权国家，没有道路或其他公共设施连接不同的领地。这样的世界不仅不存在任何社会流动，运输路线的缺乏还阻碍了一切商业活动的发展。

直到一千年以后，"现代"的迹象才开始浮现，包括新教的出现和对人本的强调、城市和市场经济的出现，以及要求自身政治权力的中产阶级的出现等。

* * *

在早期帝国时代,中国汉朝建立起了有效的国家制度,并运用官僚机构和法律去根除前朝的世袭制度遗存。公元3世纪汉朝灭亡之后,后继朝代继续巩固汉朝统治者留下的制度,创造出成功的国家官僚机构,从而促成了中国的繁荣兴盛。

公元7世纪早期,中国已迎来了一个地域广阔的新帝国——唐朝。在一套有效的官僚机制和法律系统保障之下的唐朝创造出了一个繁荣兴盛的国际化社会。唐朝的都城中到处是来自欧亚大陆各处的不同民族的人、宗教信徒和物资。

到了公元12—13世纪,这种官僚统治机构在中国已经发展为真正的精英政治体系:除了皇权之外,人们想进入国家权力的每个分支都只能通过参加科举考试而实现。

科举考试的目的并非测试一个人与生俱来的天赋或他所能展示的技巧和能力;相反,考试中的问题都是关于国家官员可能面对的现实场景、道德困境与冲突,甚至是利益争斗。考官并不依据答案正确与否来评判考生，因为问题原本就没有正确答案。考官对考生的评价依据他在答卷中所显示的把握全局和处理复杂道德情境的能力而产生。此外，考试也是对德行的评估。

科举考试的意义在于政治权力不是世袭的，政治权力为受过良好教育的精英阶层所拥有。

摆脱了贵族精英这一特权阶层，国家就能够集中全力完善公共基础设施建设，而这种情况在支离破碎的封建制度笼罩下的欧洲是不可能实现的。在古代中国，人们修筑道路、挖掘运河、建立全面的法律体系，这些都对经济增长大有益处。随着经济腾飞，巨大的贸易网络也发展起来，并且延伸至国境之外。在公元15—18世纪延展至东南亚、印度洋以及中东地区的贸易体系中，中国的商业网络发挥了重要的作用。这些网络最终也连接起了中国和地中海地区，例如意大利的威尼斯变得富庶在很大程度上就有赖于它借助这些网络而进行的贸易。

当这种规模庞大的海洋经济开始改造欧亚大陆时，

一些欧洲地区仍然保持着"传统",处于贵族统治之下。荷兰、西班牙和英国距离上述贸易网络比较遥远,也没能获得那片贸易网络产生的太多财富,于是这些国家开始造船远航,到达了非洲,后来又继续向西做环球航行。他们没能到达亚洲,却在美洲登陆,之后便开始在奴隶劳工的基础上建立起新的环大西洋殖民经济。

殖民经济为欧亚大陆西部国家带来了财富,但仅有财富当然不足以构成国家。而我们下面要讲的,则是财富之外的故事。

* * *

早在公元 16 世纪,耶稣会传教士就开始造访中国。他们被中国的景象所震惊,并在报告中这样描述:"由受过良好教育的精英阶层而非贵族阶层所管理的官僚机构,适用于所有人(无论是农民还是贵族)的法律,为了参加科举考试而接受教育的人,精英体制下的社会流动。"所有这一切对欧洲来说都前所未闻。

两个世纪之后,这些报告对欧洲启蒙运动起到了促进作用。伏尔泰等哲学家阅读了这些报告,并思考如何在自己的国家复制其中描述的现象。他们开始提出一些主张,希望建立能够培育官僚制度、法律系统和受过良好教育的精英阶层的体系。

欧洲人开始建起高效运转的国家,法律体系和强有力的军队。随着大西洋贸易带来了巨额财富,西欧的国家逐渐变得极其强大。终于,它们打通了与亚洲的贸易网络。只不过现在的目标已经不仅仅是触及这些商业网络,而是要接管它们,正如欧洲人在美国所做的——开拓殖民地并建立一个帝国。

当我们回顾历史时,有趣的转折点正由此开始显现。当欧洲国家变得强大富足、开始打破旧的贵族秩序时,它们认为自己是在创造一个历史的转折——拒绝传统世界、建立现代世界。

一代又一代的西方思想家始终将中国与世界历史演化进程的早期阶段紧紧相连。德国哲学家黑格尔认为中国根植于一种与自然界保持永恒和谐的状态。他相信只有当一个国家理性、自知,打破自然世界的藩篱,能够自觉地参与促使自身不断进步的奋斗和斗争时,进步才是可能的。德国社会学家和经济学家马克斯·韦伯试图解释为什么中国没有像欧洲那样产生资本主义。他的结论是中国缺乏一套超验的信念,这限制了资本主义的发展。他认为,儒教和新教彼此不同的哲学基础使得中国试图适应世界,而西方则寻求改造世界。

无可置疑的是,欧洲传承下来的许多东西(在21世纪也是一样)都起源于中国。精英主义考试(例如美国学术能力测验)的大致理念从根本上可以追溯到中国的科举考试,主张人人平等的法律亦可以上溯到中国历史中的古老制度,由受过良好教育的精英阶层管理的官僚机构亦是如此。

关于欧洲向中国学习的故事还有一个小小的提醒,这一提醒只与中国思想潮流中的一个流派相关,即墨子和他的思想继承者法家学派学者。欧洲流行的观念是将人类看作依据普遍规律管理理性法律系统的理性主体；欧洲的考试测试的是一个人纯粹的能力，而非其道德的良善或所受的道德训练。墨家/法家思想则从道德框架之中挣脱出来，仅仅看重如何建立一个官僚政府。因而法家思想是现代理性国家崛起的一个关键成分。

虽然东方的治国理念被模仿了，但其在西方的具体应用却与其本源非常不同。在中国，治国的目的是将财富与政治权力相分离，从而使国家成为由受过良好教育的知识分子所管理的精英社会。而在西方，治国的目的却是尽可能地连接财富与政治权力，从而破坏贵族社会的根基。社会流动由财富收益所创造，而财富收益又将直接导向政治权力。在西方，社会流动背后的驱动力不是教育和国家的发展，而是财富和经济。

由于将过去的人类历史全部视为"传统"的，我们便阻碍了自己向其他思想学习的潜能。

我们可以创造一个新时代，各种思想观念在新时代都能重新活跃起来。鉴于人类今天所面临的个人和社会危机，这些思想观念可能是我们找到出路的最佳机会。

我们从前对东方哲学的认知

一些读者可能认为东方哲学思想已经在西方活跃起来了。几十年前，佛教在西方就变得非常流行，随之而来的还有各式各样受佛教教义启发的观点：冥想、正念、归隐。许多西方人长期以来深感空虚，所以他们一直试图找寻其他可行的途径让自己的生活更有意义。

但是，在佛教被直接移植到西方思维模式的过程中出现了不少问题。佛教似乎为人们的野心和贪婪提供了一剂解药。"佛教与东方"被浪漫化，成为痛苦而贪婪的西方精神的极端对立面。但是，佛教实际上在很大程度上是被误读了，这反而进一步加强了西方个人主义思想中某些危险的层面。

例如，正念的观点。正念的基础思想是分离自我，客观中立地看待世界和当下，这样外在事物便不会再干扰内心。在快节奏的生活中，正念被广泛标榜为一项获取安宁与平静的技巧。今天，它甚至被一些商学院、企业和军队宣传为一种可提高生产力和有效性的工具。而正念的意旨却恰恰是打破自我，如佛教的教义是"无我"，却常被西方世界曲解为专注内心、拥抱自我，成为一种带有异国情调的自我调节方式。

东方哲学思想代表了古代人类的智慧，讲述了更明智、更完整、更理想的生存方式。

但很多人都认为是西方决定了历史的方向，提供了看待一切事物的视角。这种视角使我们无法看清事物的本来面目。正如本书中的哲学家们已经告诉我们的，实际上有很多可行的方法可以打破这种思维定式，让我们进而走向一个繁荣发展的新世界。

碎片化的世界能够给予我们的

我们已经从本书中学会了许多道理，也在生活中进行了实践。这些中国哲学家能够让我们清醒地感知到一些冲动情绪和行为，在我们认为自己主动时，实际上却非常被动；在我们认为自己忠于自我时，实际上却是在封闭自我。世界是不可预测的，将自己放置于"假设的礼仪"之中，方可让我们实现自我成长，而并非要一味地追求真理。对于如何让世界变得更好，中国古代哲学家们有各自不同的想法，但他们都对一成不变的过去、单一的宇宙法则、绝对理性的法律和伦理教条有所质疑。想象一下，如果他们所质疑的这些真的都不存在，人类的生活会是什么样子的？

我们通过多种方式企图构建一个一成不变的世界，并获得真理。有些试图制定一种通用的伦理制度，类似墨子的理论；有些提倡只讲理性和道德的法律，如康德的理论；有些则相信可以与一个统一的宇宙建立和谐的关系。而我们在这本书中所说的则是通过审视自我，寻求真实的自己，从而找到人生的真理。

这些哲学家以不同的方式来看待这个世界，他们把我们生活的世界视作破碎和断裂的，而且我们处于无休止的冲突与不完美的人际关系之中。

西方人倾向于把中国人的祖先崇拜看作一种礼仪，认为这说明了中国人总是听从于已故之人并活在他们的阴影之中。然而，像韦伯这样的思想家通过真诚的视角来剖析礼仪，他认为，真诚地履行礼仪的人相信世界是和谐融洽的。

但实际情况是，仪式的参与者非常清楚仪式并不反映现实，他们知道自己生活在一个碎片化的世界里，而这恰恰是他们需要礼仪的原因。他们借助礼仪从杂乱的日常生活中解脱出来，礼仪促使人们创造出不一样的未来。

在这个破碎、断裂、杂乱的世界中，创造秩序有赖于我们自己。我们可以通过每一天的自我修养，施行礼仪去改进我们与他人相处的模式，培养内在的能量，从而生活得更有活力。

创造一个更好世界的过程从未终结。当我们学会如何改善人际关系之后，就能转化不同情境，让生活变得更加美好。

如果世界是碎片化的，那么它就赋予了我们重新创造生活的机会。从日常生活中最细微之事开始，重塑你的人生吧。

致　谢

首先，我们想要感谢普鸣教授在过去数年中有幸教授过的几千名学生。他们的求知欲和对人类哲学观念的激情一直以来都是普鸣教授灵感的来源。

感谢我们的代理人吉莉安·麦肯齐看到了一本关于中国哲学的书中所蕴含的巨大潜力，感谢出版商乔纳森·卡普热情支持这一项目；感谢我们的编辑普里西拉·佩因顿敏锐的编辑工作和毫不懈怠的热情；感谢索菲亚·希梅内斯始终可靠的支持与援助，以及菲尔·梅特卡夫出色的审稿工作。还要感谢西蒙与舒斯特公司出色的出版与营销团队：卡里·高德斯坦、理查德·罗雷尔和达纳·罗托。我们永远感激出色的艾莉森·德弗罗和柯尔斯顿·沃尔夫的帮助。还要衷心感谢马什版权代理公司的卡米拉·费里尔、杰西卡·伍拉德、吉玛·麦克唐纳和乔治娜·勒格赖斯，以及在海外热心出版发行本书的所有编辑人员。

此外，我们特别向英国维京出版公司的丹尼尔·克鲁致谢，他不吝宝贵时间为我们提供了珍贵的评语和编辑建议。同样深深感谢塞缪尔·道格拉斯、珍妮弗·马古利斯、劳拉·西蒙为本书初稿做出的敏锐评论。我们对珍·吉德拉、罗兰·兰姆、伊丽莎白·马尔金、亚当·米切尔、凯瑟琳·奥兹门特和珍妮·苏克的支持也深表谢忱。

向我们的家人致以最深沉的谢意。没有他们的耐心和支持，本书不可能完成。

最后，我们两位作者以极大的诚意感谢彼此。这本书是一次真正的合作：关于中国哲学家的众多讨论形成于普鸣教授的课堂；格罗斯-洛博士则为本书加上了现代生活的例子，为当代读者解说这些思想家的观点。最终，这部书的成稿远胜于我们中任何一人所能独立完成的成果。